いま部下が辞めたらヤバいかも…

と一度でも思ったら読む

離職防止の教科書

人手不足対策の決定版

日本経営心理士協会
代表理事
藤田耕司

東洋経済新報社

具体的手法

- 残業、休日出勤をさせない
- 上司の姿に見る未来への対応

- きつい言葉・言い方をさける
- 過剰な負担を与えない
- 叱り方の戦略を立てる
  - プライドを傷つけない
  - 目的を明確にする
  - メタ認知する
- 怒りやすい状況の把握
  - 部下のミスで問題が起きたとき
  - 業務に追われて忙しいとき
  - 部下の態度が悪いとき
  - 要求水準が高いとき

- 話を聞く、共感する
- 良い点を褒める
- 感謝を伝える
- 労をねぎらう
- 気に掛ける

- 身に付けたい経験・スキルの把握
- 実力の向上をフィードバック
- 将来望む仕事を任せると説明
- 目的の把握、担当業務の価値を説明

- 評価基準・キャリアパスの明示
- 憧れの上司、尊敬できる上司を育てる
- ワクワク感・安心感あるビジョンを示す

- 仕事内容が単調で変化がない ―― マネージャー目標の設定
- 感謝や承認の言葉がない ―― 感謝や承認の言葉を伝える
- 目標やテーマがない ―― 仕事にビジョンと役割を伴わせる
- 仕事についていけない ―― 教示的リーダーシップ
- やりたいようにやれない ―― 委任的リーダーシップ

- お客様の喜びの声を伝える
- 社会的意義を説明する
- 感謝の言葉を伝える

本書で説明する「離職の心理と対応」の体系図

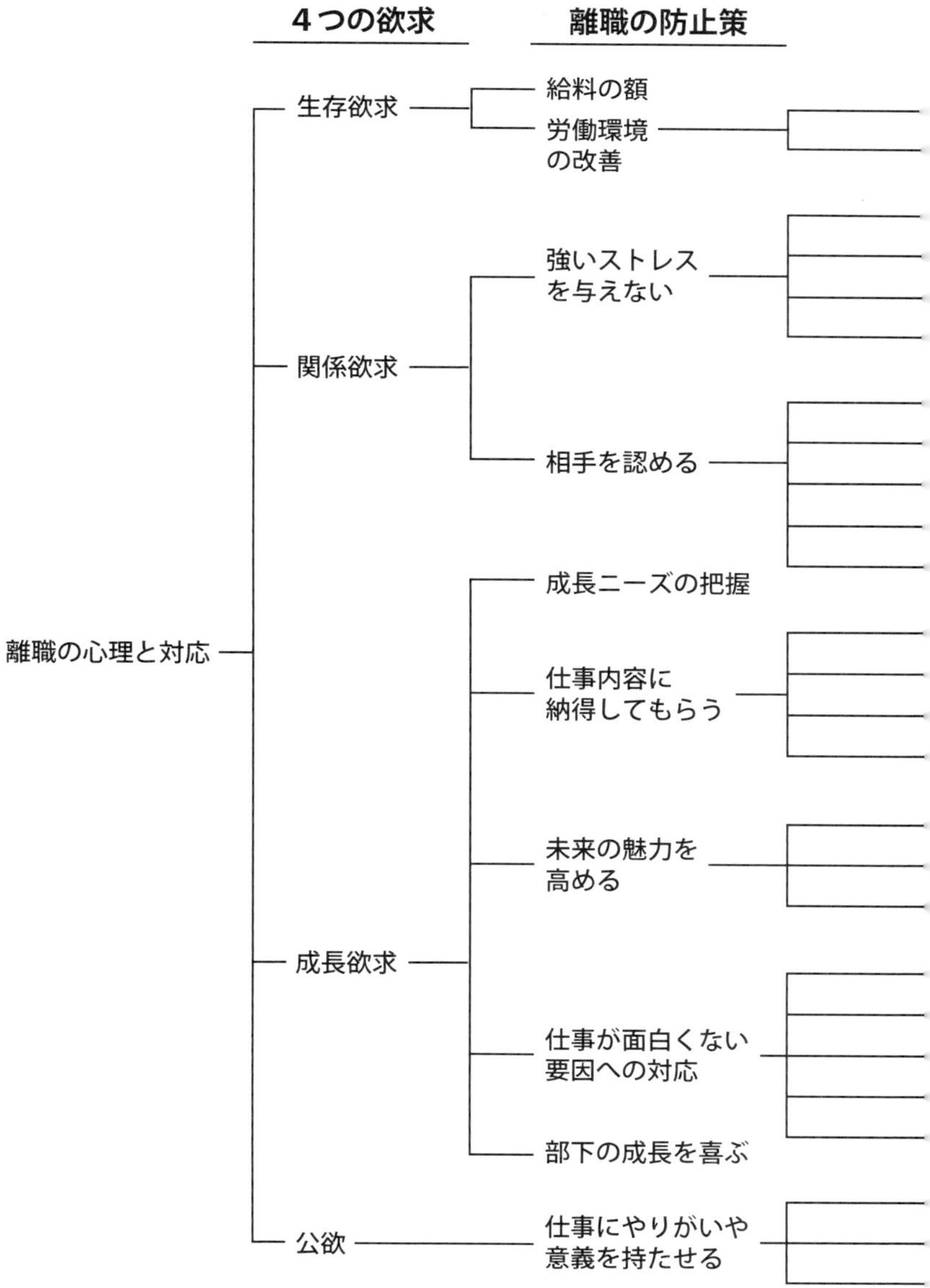

離職の原因ととるべき対応は、部下の意欲・能力の高さや年代によって異なります。

本書では次のとおり、意欲・能力の高さと年代で部下のタイプを9つに分けて、離職の原因ととるべき対応をお伝えしていきます。

年代別、意欲・能力別、部下の9タイプ

		意欲・能力の高さ		
		上位	中位	下位
年代	新人若手 20代	ホープ	ルーキー	問題児
	中間世代 30代、40代	エリート	現場牽引者	未開花者
	年長世代 50代以上	経営幹部	中間管理職	窓際社員

【ホープ】　意欲や能力が高い20代
【ルーキー】　意欲や能力が中程度の20代
【問題児】　意欲や能力が低い20代
【エリート】　意欲や能力が高い30代、40代
【現場牽引者】　意欲や能力が中程度の30代、40代
【未開花者】　意欲や能力が低い30代、40代
【経営幹部】　意欲や能力が高い50代以上
【中間管理職】　意欲や能力が中程度の50代以上
【窓際社員】　意欲や能力が低い50代以上

はじめに

「最近の若手は叱ったらすぐ辞めるから叱るなと会社から指示がありました。だから遅刻しようがミスしようが叱らないようにしてます。そしたら若手の勤務態度がどんどん悪くなってます。このままだとこの会社、だめになりますよ」

「部下がやりがいを感じないと言って辞めました。彼には重要な案件も任せて、結果も残してたのでやりがいを感じてると思ってました。やりがいって何でしょうか」

「若い人はストレスに弱いというから仕事の負担を軽くしたら、『この会社はぬるい』と言って若手が辞めました。私はどうすれば良かったんですか」

「仕事がよくできるから部下を昇進させたんです。そしたら辞めたいと言ってきたので、慌てて理由を聞いたら、『昇進したくなかったです』と言われ、そのまま辞めていきました。せっかく給料も上がったのに、わけがわかりません」

今、企業の現場からはこういった戸惑いの声が上がっています。

募集しても人が採れない会社では、社員が離職すると抜けた穴を埋められず、人手が足りなくなっていきます。それにより事業縮小、場合によっては廃業に至ることもあり、人手不足による倒産は過去最多のペースで増えています。

人手不足対策は、採用強化、業務効率化、離職防止が挙げられますが、昨今は人材獲得競争が激化し、優れた人材の採用は困難を極め、また、離職率が高い会社では採用を強化しても、穴が開いたバケツのように離職者がさらに増えていきます。業務効率化も、抜けた人の穴を埋めるほどの効率化は決して簡単ではありません。そのため、人手不足の会社では、離職防止が喫緊の課題となっています。

とはいえ、テレビには転職関連のＣＭが頻繁に流れ、部下のスマートフォンには転職サイトの広告や好待遇の募集広告が絶えず表示され、人材紹介会社からはメールが届き、さまざまな形で転職の誘惑がつきまといます。

そして、退職代行会社に依頼すれば、ストレスなく、簡単に辞められる。

そんな状況にある部下の離職を防ぎ、一人前に育て、会社の成長につなげることが、今の現場の上司には求められています。

しかし、先のような部下の反応に戸惑い、「どう対処していいかわからない」「思いがけない理由で部下が辞めていく」という声が後を絶ちません。

こういった状況に対応するには「離職の心理」について理解する必要があります。なぜなら、それぞれの離職の背景には離職を決意させた心理的要因があるからです。

私は経営心理士、公認会計士、税理士として心理と数字の両面から経営改善をする仕事をしています。その経験から人間心理に基づいた経営を行う経営心理学を体系化し、その内容をもとにこれまで1200件超の経営改善を行い、離職対策についても指導してきました。

その中で、毎年半分以上の人が辞めていた会社で離職者がゼロになった事例や、社員の４割以上が毎年辞めていた会社で離職者が出なくなった事例など、離職者を大幅に減らすことができた事例が数多くあります。

この経験から、離職を防ぐには、「人間が根源的に抱く４つの欲求」に基づいて部下のニーズを満たす必要があるということがわかりました。

部下は会社や上司に対して、さまざまなニーズを抱いています。そのニーズが満たされず、今後も満たされないだろうと確信したとき、離職を決意します。

そのため、部下のニーズを把握し、そのニーズを満たす対応をとることで離職は防げます。そのニーズの基となるのが、「人間が根源的に抱く４つの欲求」なのです。

また、そのニーズは部下の年代や意欲・能力の状況によって異なります。そのため、年代と意欲・能力の状況別に部下のタイプを９つに分け、そのタイプごとに離職の心理と対応をお伝えしています。

本書ではこの４つの欲求と部下の９つのタイプに基づいて、部下がどのようなニーズを抱き、そのニーズにどう対応すれば離職を防げるのかを、現場の事例を交え、体系的にお伝えします。

また、部下も人間である以上、人間の心の基本的な性質について理解することで、より深く部下のニーズを把握できるようになります。

そこで人間の心の基本的な性質についても触れていきますので、あわせて理解を深めていただければと思います。**その心の性質は太字で記載しています。**

人口減少に伴い、採用が難しくなるにつれ、部下の離職はますます深刻な問題となり、部下を持つ上司には、これまで以上に部下が離職しない関わりが求められます。

その関わりを行ううえで、本書をご活用いただければと思います。

２０２４年７月

一般社団法人日本経営心理士協会　代表理事　藤田耕司

離職防止の教科書◎目次

第4章　成長欲求——意欲の高い部下の離職を防ぐ　129

第5章　公欲——やりがいを持たせ離職を防ぐ　187

第6章 年代別、意欲・能力別の離職の要因と対応 207

第1章　離職を決意する4つの心理的要因

1 離職の防止が死活問題となる企業が増える

「こっちは給料を払ってるんだから、社員はつべこべ文句を言わずに働くべきでしょ。文句があるなら辞めればいいんですよ」

10年ほど前、ある製造業の会社から経営のご相談を受けた際、社員からクレームを受けた社長がこのように話されていました。

ところがその後、この会社は採用で思うように人が採れなくなり、社員が離職した分だけ人が減り、今は人手不足でこれ以上の仕事が受けられなくなっています。

社長の考え方も180度変わり、最近お会いしたときにはこう話されていました。

「もう社員に辞められたら現場が回らなくなるので、毎日冷や冷やもんですよ。特に若手はちょっと叱るとすぐ辞めるから、腫れ物に触るように扱ってます。『社長、お話があるのですが』なんて言われると心臓が止まりそうになりますよ」

また、ある建設関連の会社の社長がこんな話をされました。

「うちは技術者が足りてないので、これ以上仕事を受けられないから断ってるんです。それで他の業者に行ってもらうんですが、他の業者も受けられなくて、１周回ってまたうちに来るんです。『頼むから受けてくれないか』って。

こんな状況ですので、技術者を育てられればまだまだ売上は伸ばせるんです。でも最低５年はかかります。それまで辞めずに育ってくれるかどうか。

結局、最後に勝つのは人がちゃんと根付いて育った会社なんですよ」

人が足りないから仕事が受けられない。生産が追いつかない。店を開けられない。

こういったことが今、日本のいたるところで起きています。

それによって事業縮小あるいは廃業に至るケースもあり、人手不足が原因の倒産は過去最多のペースで増えています。

図表１－１　生産年齢人口は10年で1割減る

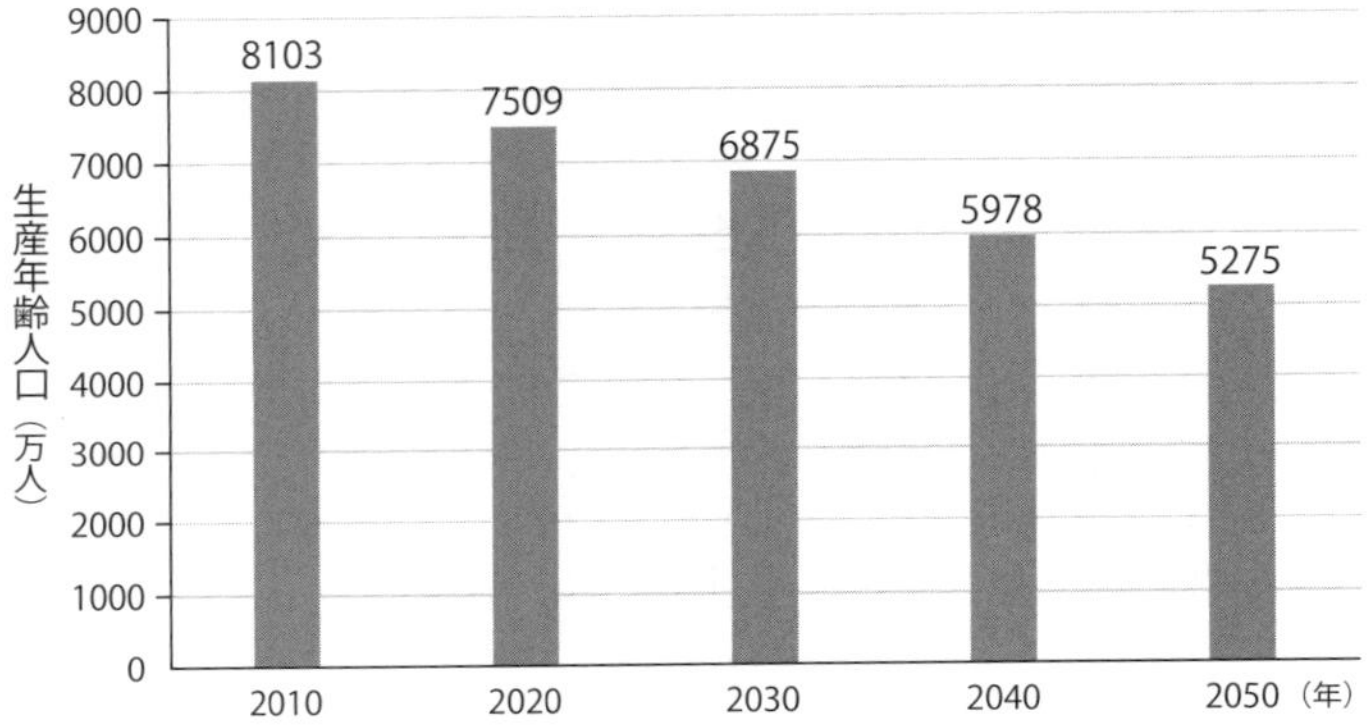

出所：内閣府『令和４年版高齢社会白書』より筆者作成

◎減少する生産年齢人口、増加する１人あたりの人件費

内閣府の『令和4年版高齢社会白書』によると、15～64歳の生産年齢人口（国内で行われている生産活動に就いている中核の労働力となる年齢の人口）は次のように推移すると見込まれています（図表１－１）。

２０１０年：８１０３万人
２０２０年：７５０９万人
２０３０年：６８７５万人
２０４０年：５９７８万人
２０５０年：５２７５万人

このデータを見ると、10年で約1割のペースで生産年齢人口が減少しています。

皆さんの会社の社員数が10年ごとに１割ずつ減っていく状況をイメージしてください。そうやって人が減り、多くの組織が深刻な人手不足に悩まされていきます。

そのため、企業の動向も変化しています。

募集すれば人が採れた時代は、「人はいる。でも仕事が足りない」と、多くの会社が営業やマーケティングにコストをかけ、仕事の獲得に注力していました。

しかし、今は思うように人が採れず、「仕事はとれる。でも人が足りない」という会社が増えています。そういう会社は採用にコストをかけます。

それによって、募集の際に提示する金額もこの数年で急激に上がっています。

入社初年度の年収は募集の際に提示する年収と近似しますが、マイナビの調査によると、初年度の年収の平均額は次のように推移しています（図表１－２）。たった５年で28・４万円もの増額です。

２０１８年：４２８・２万円

図表1－2　入社初年度の年収は右肩上がり

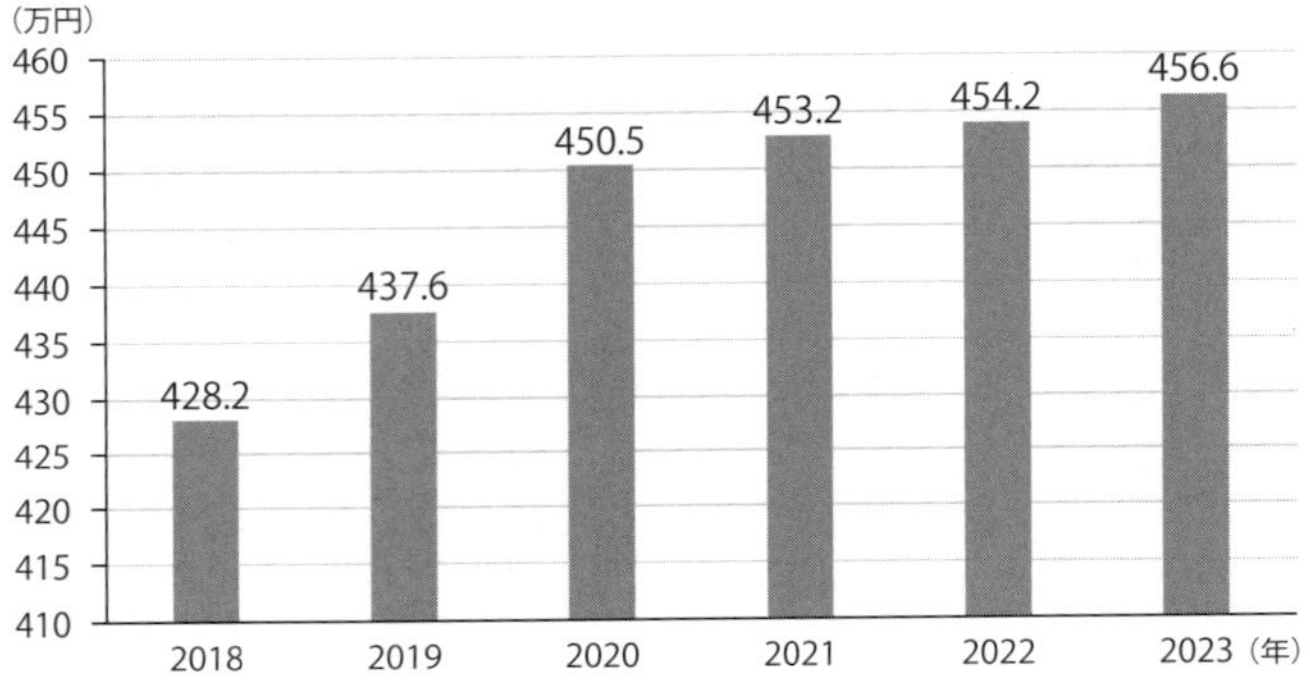

出所：マイナビキャリアリサーチLab「正社員の平均初年度年収レポート」より筆者作成

２０１９年：４３７・６万円
２０２０年：４５０・５万円
２０２１年：４５３・２万円
２０２２年：４５４・２万円
２０２３年：４５６・６万円

今は売り手市場（求職者よりも企業の求人数のほうが多く、求職者に有利な状況）であり、生産年齢人口がさらに減少することを考えると、今後も売り手市場の状況は続き、募集の際の提示額は、さらに増加すると見込まれています。

また、募集の際の提示額を上げると新人の年収が上司の年収を上回ってしまうため、既存社員の給料を上げてから、募集の提示額を上げる会社も出てきています。

そのため、今、社員に辞められた場合、その穴を埋めるためには、以前より高い年収を提示しなければ採用が難しくなっているのです。また、募集の提示年収を上げるために、既存社員の給料も上げなければならなくなるおそれすらあるのです。

◎「人事評価」にも大きな変化が起きている

こういった現状を受け、企業の人事評価にも大きな変化が生じています。

ある運送業の会社では、執行役員を降格させました。その理由はその人の部下に対する当たりがきつく、それが原因で複数の部下が辞めたためです。

また、別の会社では営業部長が新人の態度に腹を立てて叱った結果、新人が出社しなくなり、そのまま退職しました。その責任を問われ、営業部長は降格となりました。

人手不足が深刻な会社では、部下の離職は会社にとって大きなダメージとなります。そのため、部下を辞めさせた社員には厳しい処分が下されるケースが増えています。長年の努力と苦労によって手に入れた地位が、部下の離職によって瞬く間に失われるわけです。

今後、人手不足が深刻化するほど、社員の評価において「部下が辞めていないか」を重視する会社が増えていくでしょう。

2　人間心理に基づいて部下の離職を防ぐ

では、部下の離職を防ぐには、どうすれば良いのでしょうか。

もちろん、これをやれば絶対部下は辞めないという魔法のような方法はありません。

ただ、離職を防ぐうえで大事なことは、「人間が根源的に抱く4つの欲求」に基づいて部下のニーズを把握し、そのニーズを満たす関わりを行うことです。

そして、その関わりを通じて上司が上司として成長することです。

なぜそう言えるのかについて、私のキャリアと併せてお話しさせていただきます。

私は経営心理士・公認会計士・税理士として、心理と数字の両面から経営改善をする仕事をしています。こうお話しすると、多くの方からこんな疑問を持たれます。

「心理と数字に何の関係があるの？」

「経営と心理に何の関係があるの？」

本書をお読みいただくうえで、この点は大切なポイントになりますので、少し詳しくお伝えしたいと思います。

◎数字と心理と経営の関係

経営の結果は、決算書にて数字で表されます。

この数字が悪いと経営を継続することが難しくなります。そのため、経営者やビジネスマンには良い数字を残すことが求められます。

ただ、数字を眺めているだけでは数字は良くなりません。

数字の背景には必ず人間の「行動」があります。例えば、売上高という数字の背景には「お客様が商品を買う」という行動があります。また、給料という数字の背景には「社員が働く」という行動があります。

そしてその行動を司っているのが「心」です。**人は心が動くと行動を起こします。**「この商品いいな！」と心が動くと「商品を買う」という行動をとります。「仕事が楽しい！」と心が動くと「意欲的に仕事に取り組む」という行動をとります。

心を動かすことができると、お客様は商品を買ってくださり、売上が得られる。社員は意欲的に働いて給料の額を上回る価値を提供してくれるようになる。その結果、利益という形でより良い数字を残すことができます。

つまり、数字の背景には「行動」があり、行動の背景には「心の動き」があります。そのため、数字は「心の動き→行動→数字」というプロセスを経て形成されます。ですので、良い数字を残すには、お客様や上司、部下の心を動かし、望ましい行動を引き出すことが必要になるわけです。

私は公認会計士、税理士という数字の専門家です。

だからこそ、人間心理について指導する必要があると思っています。

なぜなら数字は「行動」の集積であり、さらには「心の動き」の集積だからです。

その観点から、経営やビジネスで成果を出すうえで必要な心の性質を「経営心理学」として体系化し、その内容に基づいてこれまで1200件超の経営改善を行ってきました。その中で、離職の防止に関する指導も数多く行ってきました。

また、この経営心理学を学ぶ経営心理士講座を開催し、現在のべ1万人超の方が受講され、多くの方が成果を出されています。その成果が認められ、講座の内容は省庁や大手企業でも導入され、日本のみならず海外からの受講生も増えています。

本書ではこの経営心理学のうち、「離職」の部分についてお伝えします。

◎「欲求」が離職に与える影響

「離職する」という行動の背景には「辞めたい」という心の動きがあります。そして、その心の動きに影響するのが欲求です。

会社で働くのもその欲求を満たすためであり、この会社で働いても自分の欲求は満たされないと思うと「辞めたい」と心が動き、離職します。

そのため、離職を防ぐには社員が抱く欲求を満たし、「辞めたい」という心の動きを生じさせないことが必要になります。

では、社員はどのような欲求を持っているのでしょうか。

欲求の分類でいえば、エイブラハム・マズローの「欲求段階説」が有名です。

欲求段階説は、人間の欲求を「生理的欲求」「安全欲求」「所属と愛の欲求」「承認欲求」「自己実現欲求」の5つの階層に分けた理論です。

アメリカの心理学者クレイトン・アルダファーは、欲求段階説を現場でより活用しやすくするため、それをさらに発展させた「ERG理論」を提唱しました。

ERG理論では、人間は「生存欲求」「関係欲求」「成長欲求」という3つの根源的な欲求を抱くとしています。

生存欲求とは、食べ物や安全な環境を求め、安心・安全に生きていきたいという欲求です。ビジネスにおいては給料や労働環境が関係します。

関係欲求とは、良好な人間関係を築き、人から認められたいという欲求です。

成長欲求とは、苦手を克服し、創造的、生産的でありたい、自らの可能性や才能を発揮していきたいという欲求です。


経営改善の現場では、シンプルなもののほうが活用しやすいため、私は欲求段階説ではなく、ＥＲＧ理論を用いています。

また、人間の欲求は「私欲」と「公欲」に分けられます。


私欲とは自分がいい思いをしたいという欲求です。

ＥＲＧ理論の生存欲求、関係欲求、成長欲求はいずれも私欲に含まれます。

一方、公欲とは人に喜んでもらいたい、人や社会の役に立ちたいという欲求です。

◎「公欲」とは何か

この公欲について少し詳しくご説明したいと思います。

例えば、人から道を聞かれたら、何とかたどり着いてもらいたいと思って道を教えるでしょう。道を教えたところで自分にメリットがあるわけでもなく、その人と二度と会うこともない。それでも道を教えようとします。その動機こそ公欲です。

仕事で困っている同僚を見つけたら、自分の時間を割いてでも助けてあげたいと思うこともあるでしょう。その同僚を助けたところで自分にメリットはなくてもそう思う、その気持ちが公欲です。

もう少しスケールの大きな話をすれば、貧困問題や環境問題など、社会問題を目の当たりにして、このまま放っておけないとボランティア活動や寄付を始める人もいます。こういった行動も公欲に基づくものです。

このように、純粋に相手に喜んでもらいたい、人や社会の役に立ちたいという気持ちを人間は抱いています。

この気持ちを「公欲」と呼んでいます。

仕事でお客様や上司・部下に喜んでもらえたり、仕事に社会的意義を感じたりすることで公欲が満たされると、仕事にやりがいや誇りを感じます。

それが感じられるかどうかは、離職率に影響する重要な要素なのです。

◎「４つの欲求」を満たして離職を防ぐ

ここまで、３つの私欲（ＥＲＧ理論の生存欲求、関係欲求、成長欲求）に公欲を加えた４つの欲求について説明しました。これが人間が根源的に抱く欲求です。

部下も人間である以上、この４つの欲求を抱いており、会社や上司に対して次のようにこの欲求を満たしてほしいと望んでいます。

- **健全な労働環境のもとで十分な給料を払ってもらいたい（生存欲求）**
- **良好な人間関係の中で働きたい、自分のことを認めてもらいたい（関係欲求）**

・成長の機会を提供してもらいたい（成長欲求）
・仕事を通じて人を喜ばせたい、社会の役に立っている実感を得たい（公欲）

このうちのどれか1つでも満たされなければ、それが離職の要因となります。

3 離職者を出さない上司に共通すること

私はこれまで、経営コンサルティングの中で社員の離職理由を調査してきました。

また、経営心理士講座では「どのようなときに離職を決意するか」というテーマでアンケートやディスカッションを行い、その結果を分析しています。

転職経験がある人には前職を辞めた理由を聞き、離職の本音を把握してきました。

◎典型的な離職理由の裏には「4つの欲求」がある

その結果、多く見られた離職理由は次のとおりです。

・上司や同僚との関係が良くなかった
・自分が望むスキルや経験が得られないと思った
・このままこの会社にいても成長できないと思った
・この会社で働く未来に不安を感じた
・仕事が面白くなかった、やりがいを感じられなかった
・新たな挑戦をしたかった、自分の可能性を試したかった
・人や社会の役に立っている実感を得たかった
・給料や労働環境に不満があった
・結婚、育児、介護など家庭の事情

また、厚生労働省が発表している『令和４年雇用動向調査結果の概況』（https://www.mhlw.go.jp/toukei/itiran/roudou/koyou/doukou/23-2/dl/gaikyou.pdf）における「転職入職者が前職を辞めた理由別割合」の内容は次のとおりです。

①仕事の内容に興味を持てなかった（男性：４・５％、女性：５・９％）
②能力・個性・資格を生かせなかった（男性：４・０％、女性：４・３％）

③職場の人間関係が好ましくなかった（男性：8・3％、女性：10・4％）
④会社の将来が不安だった（男性：7・1％、女性：4・4％）
⑤給料等収入が少なかった（男性：7・6％、女性：6・8％）
⑥労働時間、休日等の労働条件が悪かった（男性：9・1％、女性：10・8％）
⑦結婚（男性：0・3％、女性：1・3％）
⑧出産・育児（男性：0・3％、女性：1・7％）
⑨介護・看護（男性：0・4％、女性：0・9％）
⑩その他の個人的理由（男性：19・6％、女性：25・0％）
⑪定年・契約期間の満了（男性：15・2％、女性：10・9％）
⑫会社都合（男性：6・3％、女性：7・0％）
⑬その他の理由（出向等を含む）（男性：14・7％、女性：8・6％）

このうち⑦～⑨、⑪～⑫は現場の問題とは関係のない離職であり、⑩と⑬は詳細が不明であるため、本書では①～⑥を考察の対象とします（図表1－3）。

これらの離職理由を分析してわかったのが、社員は人間が根源的に抱く4つの欲求

図表１－３　転職入職者が前職を辞めた理由別割合

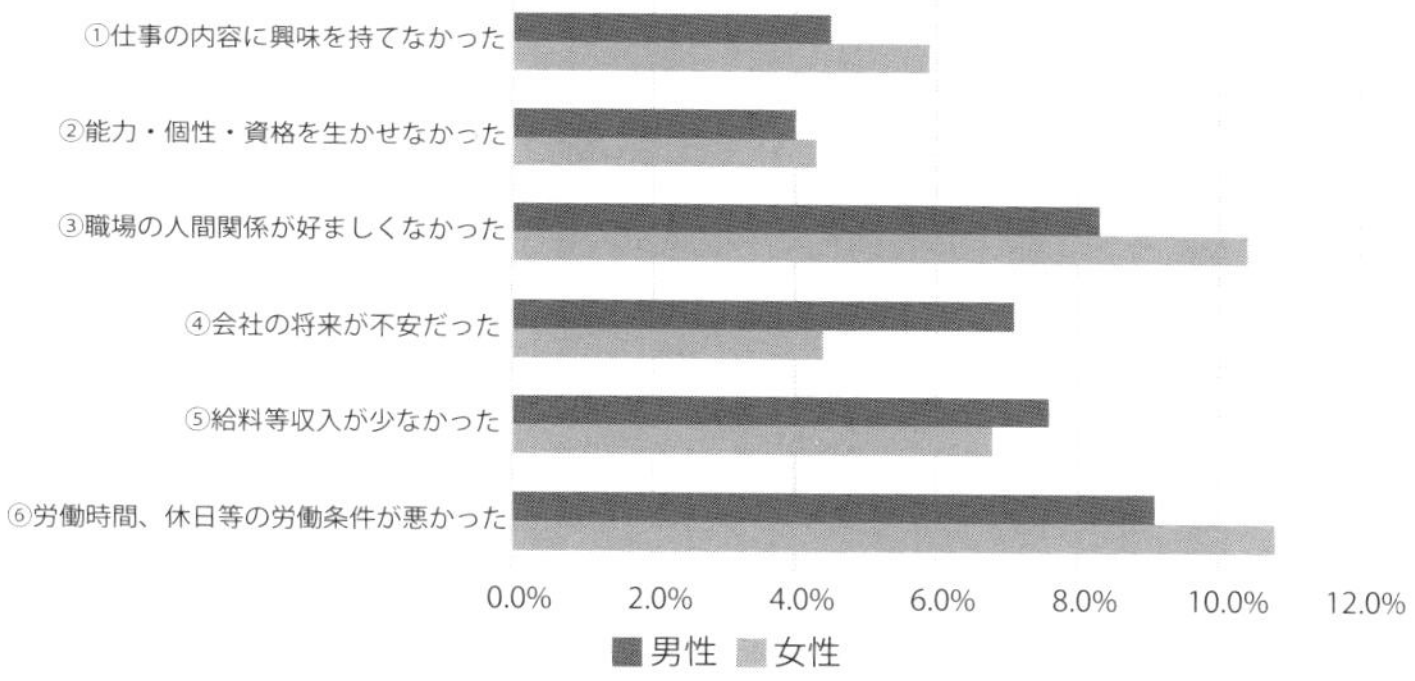

出所：厚生労働省『令和４年雇用動向調査結果の概況』より筆者作成

が満たされず、そして今後も満たされないだろうと感じたときに離職を考えるということです。

先に私が列挙した離職理由も「結婚、育児、介護など家庭の事情」を除き、この４つの欲求に関連するものです。それを当てはめると次のようになります。

・上司や同僚との関係が良くなかった（関係欲求）
・自分が望むスキルや経験が得られないと思った（成長欲求）
・このままこの会社にいても成長できないと思った（成長欲求）
・この会社で働く未来に不安を感じた（生存

欲求、成長欲求）
・仕事が面白くなかった、やりがいを感じられなかった（成長欲求、公欲）
・新たな挑戦をしたかった、自分の可能性を試したかった（成長欲求）
・人や社会の役に立っている実感を得たかった（公欲）
・給料や労働環境に不満があった（生存欲求）

また、厚生労働省が発表している離職理由もこの4つの欲求のいずれかが満たされないことによるものであり、それを当てはめると次のとおりとなります。

①仕事の内容に興味を持てなかった（成長欲求、公欲）
②能力・個性・資格を生かせなかった（成長欲求）
③職場の人間関係が好ましくなかった（関係欲求）
④会社の将来が不安だった（生存欲求、成長欲求）
⑤給料等収入が少なかった（生存欲求）
⑥労働時間、休日等の労働条件が悪かった（生存欲求）

これらの内容を見ていくと、社員が会社や上司に抱くニーズが具体的にわかります。

そして、どのニーズがより重要なのか、どのニーズが満たされないと離職に直結するのかは、その人の価値観や置かれている状況によって異なります。

そのため、離職を防ぐには社員の価値観や状況を理解し、より強く求めるニーズを把握し、それを満たす関わりをしていくことが必要になるのです。

◎部下の理解なくして離職率は下げられない

私はこれまで、離職率が低い会社の経営者や離職者が出ていない部署の管理職の方とお会いする機会があると、「離職者を出さないようにするには何が重要だと思いますか」という質問をしてきました。

その答えの中でも特に多かったのが「部下のことをよく理解すること」でした。

その部下がどういった価値観を持っているのか、プライベートも含めどういう状況にあるのかについて、日常の雑談や飲みに行ったとき、面談のときなどに把握する。

それが把握できれば、会社に何を求めているのかもわかる。その点について優先的にケアしていれば離職は防げる。

そのように話す方が多くいらっしゃいました。

これとほぼ同じことをする活動があります。

それが「マーケティング」です。

マーケティングとは顧客のニーズを把握し、そのニーズに対応した商品開発や広告、営業を行うことで売上を伸ばす活動です。

これと同じことを部下に対して行っている上司が離職率を低く保てているのです。

つまり、部下の理解を深め、会社や上司に対して抱くニーズを把握し、それを満たす関わりをすることで満足度を高める。そうすることで「辞めたい」という心の動きを生じさせず、「離職」という行動を防ぐことができているのです。

◎部下への適切な対応は「上司としての成長」につながる

また、こういった対応をするためには、上司が上司として成長することが必要です。

それによって部下から「この上司の下で働きたい」と思われる上司になることです。

ただ、部下を持つ上司であっても、営業力向上や業務処理力向上などの「プレイヤーとしての成長」は意識していても、部下の離職を防ぎ、部下を育て、組織を成長させる「上司としての成長」は意識できていない人が少なくありません。

では、どうすれば上司として成長できるのでしょうか。

それは、本気で部下と向き合い、部下をよく理解してニーズを把握し、そのニーズに対応する。そして、大変な部下であっても一人前に育て上げる。その経験が上司としての成長をもたらします。

そこでみなさんが上司として成長し、部下の離職を防ぐために、次章から第5章にかけて、人間が根源的に抱く4つの欲求に基づいて、部下がどのようなニーズを抱いているのか、そしてそのニーズを満たすにはどう対応すれば良いのかについてお伝えしていきます。

また、その内容を踏まえ、第6章では部下のタイプを年代別、意欲・能力別に９タイプに分け、それぞれのタイプごとに離職の心理と対応についてお伝えします。

【第1章　まとめ】

●生産年齢人口は10年で1割のペースで減っていく。

●募集の際の提示年収はこの数年で急激に上がり、さらに増加すると見込まれている。また、募集の際の提示年収を上げるために、既存社員の給料も上げなければならなくなる場合もある。

●人手不足が深刻化するにつれ、社員の評価において「部下が辞めていないか」がより重視されるようになる。

●数字は「心の動き→行動→数字」というプロセスを経て形成される。良い数字を残すにはお客様や部下の心を動かし、望ましい行動を引き出すことが必要。

●人は生存欲求、関係欲求、成長欲求、公欲という4つの根源的な欲求を抱く。この欲求が満たされなくなると、それが離職の動機となる。

●部下の離職を防ぐには、部下が会社や上司に抱くニーズを把握し、それに対応すること。そして、それを通じて上司が上司として成長すること。

第2章　生存欲求——労働環境を整え、離職を防ぐ

1　「部下の離職は給料のせい」と言う上司の意図

はじめに、生存欲求が満たされないことによる離職についてお伝えします。

生存欲求は、安心・安全に生きていきたいという欲求であり、食べ物や安全な住環境などを求める欲求です。

ビジネスにおいては、特に給料と労働環境に関係します。そのため本章では、給料や労働環境にまつわる離職についてお伝えします。

第1章で私が列挙した離職理由のうち、生存欲求に関するものは次のとおりです。

・この会社で働く未来に不安を感じた（生存欲求、成長欲求）
・給料や労働環境に不満があった（生存欲求）

また、厚生労働省が発表している離職理由のうち、生存欲求に関するものは次のとおりです。

・会社の将来が不安だった（生存欲求、成長欲求）
・給料等収入が少なかった（生存欲求）
・労働時間、休日等の労働条件が悪かった（生存欲求）

◎給料と離職の関係

まず給料と離職の関係についてお伝えします。

これまで「離職率が高い」という相談を受けた際、現場の管理職の方に「離職率が高い理由は何だと思いますか？」と聞いてきました。すると、こう話される方が意外と多くいます。

「要は給料の問題なんですよ。会社がもっと給料を払えば、部下も辞めないんですけどね」

この点、厚生労働省の『令和4年雇用動向調査結果の概況』における「転職入職者が前職を辞めた理由別割合」では、「給料等収入が少なかった」は男性7・6％、女性6・8%となっており、それ以外の人は別の理由で離職しています。

この結果から給料が原因で離職する人はそれほど多いわけではないことがおわかりいただけると思います。

また、採用時に年収が提示され、その年収に合意して入社し、その年収が払われているのであれば、「社員の離職はすべて給料が原因だ」と考えるのは難しいでしょう。

これらのことから、現場の上司のある心理的傾向が見て取れます。

それは部下の離職理由について、給料が原因ではない場合でも、「給料が原因だ」と考えていることがあるということです。

・給料の額だけで離職を決意するか

たしかに給料が少ないことは、離職の要因の1つです。そのため、より高い給料を払えるようにすることが重要であることは言うまでもありません。

ただ、給料の額だけで離職率が決まるのであれば、給料が高い会社ほど離職率は低くなるはずです。ところが、給料は高くても離職率が高い会社はたくさんあります。

もちろん、給料の額が離職の決定的な要因となる場合もあります。それは結婚、出産、育児などで生活環境が変わり、今の給料では足りなくなった場合や、他社から今の給料よりずいぶん高い給料を提示された場合などです。こういった場合は給料を上げないかぎり、離職を防ぐのは難しいでしょう。

そういった場合以外は、給料に対する不満は決定的な離職要因とはならず、１つの不満として心の中に積もっていきます。

それに加えて、上司や会社への不満、職場の居心地の悪さ、仕事内容への不満、労働環境に対する不満、会社や業界に対する不安などが積み重なり、許容量を超えると離職を決意するのです。

転職には、転職先で良い人間関係が築けるか、思いどおりの仕事をさせてもらえるか、職場環境が自分に合っているかなど、さまざまなリスクがあります。

給料が多少高くなるという理由だけでこれらのリスクを負って転職するかというと、いかがでしょうか。ご自身について考えてみてください。

給料以外にも離職を後押しする要因がないと、なかなか離職には至らないのではないでしょうか。

そのため、給料の額が離職の決定的な要因となる場合以外は、給料以外の離職を後押しする要因に適切に対応できれば、給料を上げなくても離職は防げるのです。

◎上司として成長し、離職率を下げる

しかし、「部下が辞めたのは給料のせいだ」と言ってしまえば、部下の離職について上司としての対応を振り返り、改めるべき点を改めるということをしなくなります。

実際、そう話される方は、辞めた部下に対する自分の対応を省みることはなく、また、対応を改める必要性を感じていません。

ただ、それを繰り返していては上司としての成長はなく、離職率も下がりません。

給料の額がどうであれ、まずは自分の力でどうにかできることに意識を向け、現状を改善する意識を持ち、そのための対応を継続することの先に、上司としての成長が

あります。

そして上司が上司として成長するほどに、離職率は下がっていきます。

2　若手社員は残業と休日出勤をとにかく嫌う

次に労働環境と離職の関係についてお伝えします。

◎労働環境と離職の関係

労働環境に関する離職で多いのが、若手の労働時間の長さを理由とする離職です。

20代、30代の方はプライベートを重視する傾向にあり、「残業や休日出勤をしてまで稼ぎたいとは思わない」「給料や昇進はそこそこでいいから、プライベートの時間を確保したい」といった価値観の方が多いです。

そういった価値観から、「残業や休日出勤が多いこと」「有給休暇がとれないこと」は、強い離職の動機となります。

図表２－１　「労働時間、休日等の労働条件が悪かった」から離職した人の割合

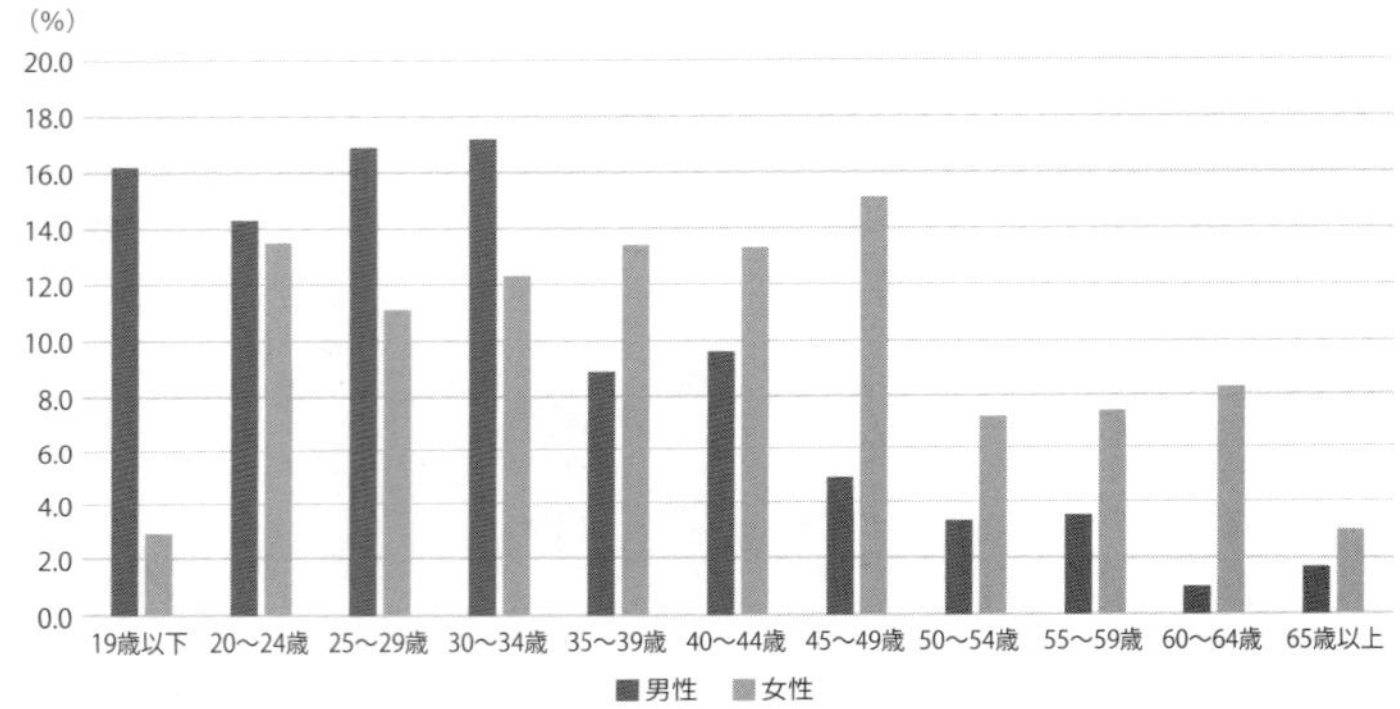

出所：厚生労働省『令和４年雇用動向調査結果の概況』より筆者作成

厚生労働省の『令和４年雇用動向調査結果の概況』における「転職入職者が前職を辞めた理由別割合」では、「労働時間、休日等の労働条件が悪かった」の理由で離職した人の年代別割合は図表２－１のとおりです。

このデータを見ると、若い世代が労働時間に対する不満が原因で離職するケースが多いことがわかります。

また、女性の30代、40代も数字が高くなっていますが、これは育児や家事、介護などがあるため、時間の融通が利く会社で働きたいというニーズの表れです。

そのため、若い世代の離職を防ぐうえでは、

残業や休日出勤をさせないように、そして有給休暇はしっかりとれるように、業務の負担に配慮することが重要です。

ただ、一方で残業してでもバリバリ働きたいという若手もいます。そういう人への対応は、第4章、第6章でご説明します。

3　部下は上司の姿に未来の自分を投影する

生存欲求に関する離職理由に「この会社で働く未来に不安を感じた」という理由があります。

そこで次に、将来の不安と離職についてお伝えします。

人はこの会社で働く未来に希望が持てなくなると離職します。その未来をイメージする際に、強く意識するのが「上司の働く姿」です。

部下は上司の働く姿に未来の自分を投影します。

上司の働く姿を見て、「自分も数年後、あんなふうになるんだな」とイメージします。その上司の姿が魅力的であれば「ここで長く働こう」と思い、その姿に絶望すれば「ここに長くいてはいけない」と離職に向けて動き始めます。

◎「つらそうな上司」を見て部下は離職を決意する

以前、コンサルティングをした会社にYさんという部長がいました。温厚な方ですが、毎年のようにYさんの部下が離職していました。社長がそれを心配し、離職を申し出た人から本音を聞き出してほしいと言われ、話を聞くと、こう話されました。

「Yさんはよく面倒見てくれたし、いい人だと思うんです。ただ、平日は深夜まで働いてて、土日も出勤してるみたいで、ため息ついていてつらそうに仕事してるんですよ。あと、会社に対する愚痴も多かったですね。

Yさんを見ていて『自分も昇進したらこうなるのか』と思うと、あまり長くここにいてはいけないと思いました」

また、20代後半で転職し、今はＩＴ系企業に勤めるUさんは、前職を辞めた理由をこう話してくれました。

「前の会社は仕事も面白かったし、上司もいい人ばかりだったし、給料も良かったです。でもマネージャーの人たちが本当にきつそうでした。

毎晩12時過ぎまで仕事して、朝は早くから出社してて、４時間も寝てないって言ってました。『もういつ倒れてもおかしくないわ』とか言うんで『大丈夫です。倒れたら僕が救急車呼ぶんで（笑）』って答えてましたけど、内心ひいてました。

自分もいずれマネージャーになるとこうなるのかと思ったら、もうこの会社に長くいちゃいけないと思いました」

部下に残業や休日出勤をさせなかったとしても、上司が残業や休日出勤に追われていると、部下は「自分は数年後、ああなるのか」とイメージし、その未来に身の危険を感じ、絶望すると離職します。

ただ、自分の姿を見て部下が将来に絶望していることに気づける上司は少なく、ここは盲点となりやすいところです。

◎忙しさを話のネタにしない、会社の愚痴を言わない

とはいえ、今の管理職はプレイングマネージャーであることがほとんどです。営業や資料作成などのプレイヤー業務に加えて、チームや組織の管理・運営といったマネージャー業務が上乗せされているわけですから、当然ながら多忙になります。人手不足の状況だとなおさらです。

そんな中で「部下が見ているから楽しそうに仕事しろ」なんて言われると、「そんなの無理だ！」と言いたくなるでしょう。お気持ちはよくわかります。

ただ、それでも2つだけ心がけていただきたいことがあります。

それは、部下との会話で忙しさを話のネタにしすぎない、会社の愚痴は部下には言わないということです。

忙しい人の中には、「昨日も12時過ぎまでやってた」「土日も出社してた」と忙しさを話のネタにする人がいます。それで部下は「それは大変ですね……」と上司の労を

ねぎらいながらも、身の危険を感じ、未来に絶望していきます。

また、上司が会社の愚痴を部下に言うと、その愚痴を聞いた部下は「それはひどいですね」と、会社に不信感を募らせます。

これらが、部下の離職の動機を高めていくのです。

大手会計事務所で働くT氏は、忙しさを話のネタにしすぎた結果、部下に離職された経験があります。

「深夜まで働くとか、休日出勤するとかって1つの話のネタなので、よく部下に話してました。

そしたら、ある時、部下が辞めるって言ってきて。理由を聞いたら『Tさんはかなりお忙しそうですが、自分は昇進して管理職になったら、Tさんみたいに頑張れないと思うんです。だったら早めに辞めたほうがいいと思って』と言われました。

そのとき、『深夜残業とか休日出勤の話をしすぎた！』って思いましたね。ほんと反省しました」

部下が離職して苦しむのは、部下に対して忙しさを話のネタにし、会社の愚痴を言った上司本人です。

そのため、部下が未来に絶望しないように、こういった点にも留意していただければと思います。

また、自身の業務負担を改善し、将来、部下が自分のポジションに就いたときに過剰な負担に苦しまないようにすることも、併せて心がけていただければと思います。

【第2章　まとめ】

●生存欲求とは、安心・安全に生きていきたいと、食べ物や安全な住環境などを求める欲求。経営においては、特に給料と労働環境に関係する。

●部下の離職の原因を給料のせいにし、自らの言動を省みなければ、上司としての成長がない。

●20代、30代はプライベートの時間を重視するため、残業や休日出勤は離職の大きな原因となる。

●部下は上司の姿に未来の自分を投影する。つらそうに働いている上司の姿は部下の離職の動機を高める。

第3章　関係欲求——人間関係による離職を防ぐ

1　人間関係が原因の離職は本音を言わない

次に、関係欲求が満たされないことによる離職と対応についてお伝えします。

関係欲求は良好な人間関係を築き、人から認められたいという欲求です。

先に私が列挙した離職理由のうち、関係欲求に関するものは次のとおりです。

・上司や同僚との関係が良くなかった（関係欲求）

厚生労働省が発表している離職理由で、関係欲求に関するものは次のとおりです。

・職場の人間関係が好ましくなかった（関係欲求）

このように、関係欲求に関する離職理由としては「上司との関係が悪い」「職場で良い人間関係が築けない」といったものが挙げられます。

本章ではこれらを原因とする離職の心理と対応についてお伝えします。

◎離職理由の「本音」と「建前」

まず離職理由の本音と建前についてお話しします。

これまで転職の経験がある人に、こんな２つの質問をしてきました。

「前職を辞めた理由は何ですか？」

「辞める際、会社にはどんな理由で辞めると言いましたか？」

２つ目の質問について、「当然、１つ目の質問への答えと同じことを言うんじゃないの？」と思った方もいらっしゃるかもしれません。ところが、１つ目の質問と２つ目の質問で違う答えが返ってくるケースは意外と多いのです。

つまり、離職者は離職の際に本音を言わずに辞めているケースがあり、特にそれは人間関係に起因する離職において多く見られます。

実際、「本当の離職理由」を聞く１つ目の質問に対して「上司との関係が悪くて辞めた」と答えた方に、「会社に伝えた離職理由」を聞く２つ目の質問をすると、次のような答えが返ってくることがあります。

・他にやりたい仕事ができた、別の業界で働いてみたいと思った
・労働条件がもっと良い職場があった
・実家や親族、友人の仕事を手伝うことになった
・家庭の事情で働くのが難しくなった

このように前向きな理由、やむを得ない理由を話すのです。

なぜ本当の理由を言わないのか。それは角が立たないようにしたいからです。

上司との関係が原因で辞める場合でも、退職を申し出る先がその上司であれば、辞める理由を聞かれても「あなたが原因です」とは言えないでしょう。

また、人事や社長に退職の意向を伝える場合でも、「あの人が原因です」と言うと、その上司に確認がいって面倒なことになるのは容易に想像できます。

それが嫌だから、別の理由を言おうとするわけです。

そうなると会社としても本当の離職理由が把握できず、上司も自分が原因で部下が辞めていることに気づけません。これを放置すると、さらなる離職者が生まれます。

そのため、離職者が話す離職理由が前向きな理由ややむを得ない理由の場合は、本当の離職理由ではない可能性があること、そして人間関係に起因する離職については本音を言わないことがあることを心に留めておいていただければと思います。

2　自分の当たりのきつさに気づかない上司

次に、関係欲求が満たされないことによる離職を防ぐ対応についてお伝えします。

関係欲求は良好な人間関係を築き、人から認められたいという欲求です。

そのため、関係欲求を満たす対応としては、①人間関係で強いストレスを与えないこと、②相手を認める関わりの２つが中心となります。

まず、①人間関係で強いストレスを与えないことについてお伝えします。

この点で注意すべきなのが、「上司の当たりのきつさ」です。

当たりのきつい上司の例として多いのが、「きつい言葉を使う人」「言い方がきつい人」「過剰な負担を与える人」です。

そこで、こういった人たちの例をお伝えしたいと思います。

◎きつい言葉を使う人、言い方がきつい人

「何やってんだよ！　ほんと使えねえな」

「やる気あるの？　もっと気合い入れてやれよ！」

「そんなことしても意味ないだろうが！　頭使えよ、頭を！」

メディア関連の会社に転職したS氏は、配属された部署のマネージャーがこういった言葉を部下にぶつけている状況に目が点になったと話していました。

「はじめは体育会系の上司だなぁって思ってたんですが、自分にもそういう言葉が飛んでくるようになってからは、胃をすり減らしながら働くようになりました。

それで2年ちょっとで辞めました。あの人が原因で何人も辞めましたよ。でも本人

に反省の色はなく、ある新人が辞めたときは『すぐ辞めるなら初めから入社してくんなよな』と愚痴ってました」

「今のご時世、そんな人いるの？」と思われるかもしれませんが、このようなきつい言葉を使う人は、一定数いらっしゃいます。

また、きつい言葉は使わないものの、言い方がきつい人もいます。例えば、不機嫌に話す人、イライラしている人、冷淡な印象を与える人、理詰めにする人などです。

私がコンサルティングに入った現場で問題となっていた複数の部下を離職させる上司は、その多くがきつい言葉を使う人か、言い方がきつい人でした。

また、こういった言葉や言い方がきつい人は、パワハラとみなされるおそれもあるため、要注意です。

◎「パワハラを受けた」といった口コミは会社を衰退させる

今、就職活動をする人は、口コミサイトで会社の口コミを確認します。その口コミサイトには、その会社で働いたことのある人が口コミを投稿しています。

この口コミは基本的に削除できません。そのため、ネガティブな口コミが投稿されると、その後、ずっと採用に悪影響が出ます。

とりわけ、「パワハラを受けた」と感じられる内容の口コミが投稿されると、応募者数に大きく影響するため、今後の会社の成長に大ダメージをもたらします。

ある会社では、業績好調で、さらなる事業拡大に向けて採用に力を入れていました。ところが、あるときから急に応募者が減り、面接をして内定を出した人から立て続けに内定を辞退されました。

「これはおかしい」と感じた人事担当者は、内定辞退者たちと連絡をとります。

そして、「もし可能でしたら、内定を辞退した率直な理由を教えてもらえないでしょうか」とお願いしたところ、ある内定辞退者から、「口コミサイトにパワハラを受けたといった口コミがあって、それを見たので内定を辞退しました」という回答が得られました。

その口コミサイトを見に行くと、元社員と思われる人が、「上司からかなりきついことを言われた」という旨の辛辣な口コミを投稿していたとのこと。

このように、１つのネガティブな口コミが、採用に深刻な影響をもたらすことがあります。

そのため、言葉がきつい人や言い方がきつい人は、離職者を出すのみならず、未来の応募者を大きく減らすおそれがあり、それは会社を衰退に導きます。

こういった点には、重々留意する必要があります。

◎過剰な負担を与える人

「これ今日中に終わらせて」

「あと何分で終わる?」

「まだ?」

「まだ終わらないの?」

「あとこれも今日中に終わらせて」

WEB制作の会社に就職したK氏は、上司からこういったチャットが1時間に何度も飛んでくる状況に強いストレスを覚え、精神的に耐えきれずに退職しました。

「その上司はとにかく仕事が速い人で、そのペースで仕事を振ってくるので、ついていくのに必死でした。一方的な指示と急かすチャットが送られてくるので、精神的に追い詰められてました。あのチャットは夢にも出ました。もはやトラウマですね」

仕事が速い人が自分のペースで仕事を進めようとすると、こういった状況を作ってしまいがちです。また、せっかちな人は部下の仕事が終わるのを待てずに次の指示を出し、さらなるプレッシャーを与えます。

それが部下にとっては過剰な負担となるのです。

そのため、「自分は仕事が速いほうだ」と思っている人は、折を見て部下の状況を確認し、必要なフォローをして過剰な負担を強いることがないように留意することが必要です。

◎自分のコミュニケーションを振り返る

「最近の若手は何かあったらすぐ辞める」

そう話す人は多いものです。この言葉には「最近の若手は軟弱で困る」と辞めた若手を批判する意図を感じます。たしかにデリケートな若手は多いです。

ただ、そう話す人は、自分の言葉や言い方がきつかったり、過剰な負担を強いてしまっていたりすることに気づけていないことがあります。

そのため、部下の離職を何度か経験している人は、この点について振り返ってみてください。できれば同僚にフィードバックを求めることが望ましいです。

また、社内にこういった当たりのきつい人がいる場合、人が採れない状況で人が辞めることの影響の大きさを説明し、自身のコミュニケーションについて振り返ってもらうことは、今後の組織の成長を考えるうえで、極めて重要なこととなります。

3 部下から嫌われないための叱り方の戦略

きつい言葉を使ったり、言い方がきつくなったりするのは、多くの場合、部下を叱る際に生じるものです。叱ることは強い否定を伴いやすいコミュニケーションです。

この点、関係欲求は「認められたい」という欲求ですが、これは裏を返すと「否定されたくない」という欲求でもあります。そのため、人は否定されると関係欲求が満たされず、その度合いが強いと離職に至ります。

◎叱ることは上司の大切な仕事

では、部下を叱るべきではないのかというと、決してそういうわけではありません。

ルールを破ったとき、やるべきことをやらないときなど、叱るべきときに叱らないと、部下は「この上司は叱らないんだ」と学習し、また同じことを繰り返します。

周囲も「あんなことしてるのに叱られないんだ。じゃ、自分もやっていいのかな」と思い、同様の行動をとるようになるおそれがあります。そうなると組織の統率がとれなくなります。

そのため、叱るべきときに叱ることは、上司の大切な仕事です。

ただ、叱り方を間違えると部下に過剰なストレスを与え、関係が疎遠になり、離職に至ることもあります。

そうならないよう、叱る際は事前に入念な戦略を講じて臨む必要があります。

そこで次に、叱り方の戦略についてお伝えします。

その戦略は「Ａ：プライドを傷つけない」「Ｂ：叱る目的を意識する」「Ｃ：叱り終えるまでメタ認知し続ける」の３つです。

◎Ａ：プライドを傷つけない

叱り方の戦略の１つ目が「プライドを傷つけない」ことです。

人にはプライドを守ろうとする本能があるため、プライドを傷つけられると心を閉ざし、その人と距離をとろうとします。そのため、プライドを傷つける叱り方をすると部下との関係が悪化し、離職に至るおそれもあります。

では、プライドを傷つけずに叱るには、どのように叱れば良いのでしょうか。

いくつかの方法がありますが、そのうちの1つが「本人の存在を肯定したうえで、部分的に叱る」という方法です。

・まずは相手を肯定する

部下は上司から叱られて、「自分は上司から低い評価をされた」「仕事ができない部下だと思われた」と感じると、プライドが傷つきます。

そのため、「あなたのことを高く評価している。だからこそこの部分は直してほしい」という叱り方をすることで、プライドを傷つける可能性を下げることができます。

例えば、次のような叱り方です。

「あなたは高いポテンシャルを持っているから、ここを直すともっと伸びる」

「君はうちの会社にとって大切な存在だから、今後のためにもここを直してほしい」

・本人が納得する根拠を示す

ただ、何の根拠もなく「高いポテンシャルを持っている」「うちの会社にとって大切な存在」などと言っても本人は納得できず、かえって不信感を生みかねません。

そうならないよう、本人が納得できる具体的な根拠を示すことが必要であり、そのために普段から本人の優れた点を把握しておく必要があります。

ある会計事務所では、若手社員が報連相を十分にせず、お客様とのやり取りのメールでも上司をｃｃに入れないため、上司が業務の状況が確認できず、お客様からクレームが来ることがありました。

過去に何度か報連相をまめにしてほしい、お客様とのメールには上司をｃｃに入れてほしいと伝えていましたが、なかなか改めようとしません。

そこで所長にこの叱り方をお伝えしたところ、面談の機会を設けて若手社員を叱ることにしました。

まず、その若手社員は勤務態度は真面目で事務所の空気も明るくしてくれているため、その点を高く評価していることを伝えました。

そのうえで、「君は今後、うちの事務所の中心的存在になる人だと思っている。だからこそ報連相やｃｃといった基本的なところは、今のうちからできるようになっておいてほしい」と伝えました。

その後、彼は行動を改め、報連相をまめに行い、上司をｃｃに入れるようになったとのことです。

報連相を十分にしない、上司をメールのｃｃに入れないといった問題は、プライドが高い社員に特有の心理が関係しています。

プライドが高い社員は高い評価を受けようとするあまり、完璧なものができるまで提出しなかったり、初歩的な相談をすると評価が下がると思って相談しなかったりすることがあります。

また、お客様とのメールのやり取りを上司に見られて、言葉遣いや文章の書き方がいまいちと思われたくない、クレームが来たときに上司に知られたくないという思いから、上司をｃｃに入れようとしなかったりします。

そのため、「自分の評価を下げたくない」という心理からこのような行動をとっている場合、「あなたのことは高く評価している」と伝えたうえで改めるよう指導することで、適切な報連相ができるようになったり、メールに上司をｃｃに入れるようになったりします。

◎Ｂ：叱る目的を意識する

このように、叱ることによる離職を防ぐにはプライドに配慮した叱り方が重要です。ただ、ここで注意しなければいけないのが「怒り」です。

怒りという感情は心拍数を上げ、戦闘態勢をとらせ、攻撃心を喚起します。そのため、怒りが生じるとその攻撃心から相手につらい思いをさせてやろうと、わざとプライドを傷つけようとするおそれがあるのです。

そこで知っておいていただきたいのが、「叱る」と「怒る」は異なるコミュニケーションだということです。

「叱る」は相手や組織のために相手の行動を改善させるためのコミュニケーションであり、その目的は「行動変容」です。

一方、「怒る」は生じた怒りを相手にぶつけるコミュニケーションであり、その目的は「攻撃」です。

部下を叱ることは上司の大切な仕事ですが、部下を怒ってはいけません。

部下を怒らず、叱るために重要なのが「叱る目的を意識すること」です。

これが叱る戦略の２つ目です。

部下を叱る目的は「攻撃」ではなく「行動変容」です。その目的を叱る前にしっかり意識し、叱り始めてからもずっと意識し続けてください。

叱り始めて言葉を発するにつれ、だんだんと怒りがこみ上げてくると、攻撃心が芽生えます。その攻撃心が大きくなる前に「今回の目的は攻撃ではない。行動変容だ」

と目的に立ち返ることで、冷静になるきっかけが得られます。

そして叱り終えるまで目的を意識し、怒りの手綱を引き続けます。この怒りの手綱を引くうえで必要なのが、３つ目の叱り方の戦略である「メタ認知」です。

◎C：叱り終えるまでメタ認知し続ける

メタ認知とは、自らの発言、行動、思考などを客観的にとらえることをいいます。怒りの手綱を引くには、自分の感情の状態を継続的にメタ認知し、軌道修正することが必要です。

「あ、ちょっと怒りがこみ上げてきたな」
「目的に立ち返れ。攻撃ではなく行動変容のためのコミュニケーションをとれ」
「言い方がきつくなってるぞ。気を付けろ」

こんなふうに自分の感情をメタ認知しながら怒りの手綱を引き、「怒る」になりそうになったら「叱る」の方向に軌道修正します。

私の事例になりますが、以前、部下の不注意によるミスでお客様からクレームが来たことがあります。過去に同じミスを2度しており、今回が3度目のミスでした。これは根本的に考え方を改めさせなければいけないと思い、面談の機会を設けて叱りました。普段、業務をよく頑張ってくれているので、その点は高く評価していることを前提に聞いてほしいと伝え、ミスの内容に言及しました。

今回のミスは3回目であり、いずれも不注意が原因。お客様からはクレームが来ている。そういったことを伝えているうちに怒りがこみ上げてきます。そこで「怒りが湧いているぞ」とメタ認知し、怒りの手綱を引きながら説明を続けました。

すると部下から「そういう藤田さんも、前にこんなミスしてましたよね」と反論され、強烈な怒りが湧きます。その怒りも「おお、まさかの反論！　これはかなり強烈な怒りが湧いてる」とメタ認知し、怒りの手綱を3倍くらいの力で引きます。

そして「目的は攻撃ではなく、行動を改めさせること。攻撃すると状況が悪化するだけ」と目的に立ち返り、こう伝えました。

「たしかに自分もそういうミスをした。それは申し訳なかったと思っている。でもその後、同じミスをしないようにやり方をこんなふうに変えたよ。それ以来、ミスはしなくなった。だから、今回も同じミスをしないためのやり方を考えようか」

こうして、彼に行動を改めてもらうことができました。

このように、部下を叱らなければならないときは、怒りの管理に留意します。怒りは強いエネルギーを持つ感情であり、だからこそ怒りを管理する意識を持つか持たないかで、発言内容や言い方は大きく変わります。

部下を叱る際は、感情をメタ認知し、怒りの手綱を引くよう意識してください。

4 怒りが湧きやすい４つの状況と対応法

面談などで部下を叱る場合は、先にお伝えした叱り方の戦略を講じて臨むことで、攻撃心を抑え、行動変容という目的を達成しやすくなります。

しかし、とっさに怒りが生じてカッとなった場合は、叱り方の戦略を講じる間もなく攻撃的になってしまいます。それが先にお伝えした当たりのきつさにつながります。

そういった事態を防ぐには、部下に対して感情的になりやすい状況と対応法をあらかじめ整理しておくことです。

この点、上司が感情的になりやすい状況として、「A：部下のミスで問題が起きたとき」「B：業務に追われて忙しいとき」「C：部下の態度が悪いとき」「D：要求水準が高いとき」の4つが挙げられます。

そこで、それぞれの場合にどう対応すれば良いかについて、お伝えしていきます。

◎A：部下のミスで問題が起きたとき

上司が感情的になりやすい状況の1つ目が「A：部下のミスで問題が起きたとき」です。

・カッとなって言った一言で会社が傾いた

あるシステム開発会社の営業部長は、会社の売上のおよそ3分の1をとってきており、人望も厚く、優秀なナンバー2でした。

あるとき、大口の得意先からクレームが来て、営業部長が対応しますが、先方の意図を誤って解釈し、作業を進めた結果、事態が大きく悪化します。それを知った社長は気が動転し、カッとなって営業部長を怒鳴りつけました。

「なんてことしてくれたんだ！　全部お前のせいだぞ！　責任がとれるのか！」

その後、社長が謝りに行き、何とか問題は解決しました。しかし、営業部長は社長の取り乱した態度に失望し、社長との仲は険悪になり、数カ月後に退職しました。

営業部長がいなくなり会社の売上は激減。また、人望のある営業部長が辞めたことに不信感を覚えた部下数名も辞め、事業規模は縮小となりました。

社長は「あの一言で会社が傾きました」と話され、いまだに後悔されています。

・問題が起きたときの対応が信頼を左右する

部下のミスによって問題が起きたとき、感情的になって暴言を吐いたり、取り乱したりすると、これまで築いた信頼が途端に失われます。

信頼は築くのには時間がかかりますが、失われるときはほんの一瞬であり、1回の失言で信頼を失った人をたくさん見てきました。それが信頼の持つ性質であり、信頼の恐ろしいところでもあります。

一方、問題が発生したときでも冷静かつ適切な対応ができると、逆に強い信頼を得ることがあります。

つまり、問題が起きたときとは、信頼を失う危機であり、信頼を得る好機でもあるのです。そのため、部下のミスによって問題が起きたときは、「ここだ。ここの対応が信頼を左右する」と強く意識してください。

多くのクライアントや経営心理士講座の受講生からも、「この心構えを持っていたことで取り乱さずに済んだ」「信頼を失うような言動を慎むことができた」というご報告をいただいています。それほどに重要な心構えです。

◎Ｂ：業務に追われて忙しいとき

上司が感情的になりやすい状況の２つ目が「Ｂ：業務に追われて忙しいとき」です。

・「イライラにメリットはない」と言い聞かせる

業務が忙しくなると、人は感情的になりやすくなります。

それによって当たりがきつくなると、部下にストレスを与えます。

また、自分もイライラするほど論理的思考を司る脳の前頭前野の動きが悪くなるため、パフォーマンスが下がります。

つまり、イライラすることは、①部下にストレスを与え、②自分のパフォーマンスを下げる、というデメリットをもたらします。


では、イライラすることにメリットはあるでしょうか。

そのメリットを見出すことができなければ、イライラしている自分に気づいた際は「イライラしてメリットがあるなら、もっとイライラすればいい。でもメリットがないならやめれば？」と心の中で自問してみてください。

私も忙しいときはこう自問しますが、それにより冷静になるきっかけが得られます。

また、忙しいときほど相手を大事にする気持ちを持つこともおすすめします。これができる人は、忙しい中でも当たりの強さを感じさせません。

・忙しいときほど相手を大事にする気持ちを持つ

ある広告関連の会社のオフィスを訪問したときのことです。そこでは社員の方々が慌ただしく仕事をする中で、マネージャーが現場を取り仕切っていました。

マネージャーは多忙を極める中でも、指示を出す際は「○○さん、これもお願い。忙しい中、ごめんね！」、部下から資料を受け取ったときは「ありがとうね！　前にもらった資料、よくできていたよ」、手が離せない状況で部下から話しかけられたときは「ごめん、ちょっと今、手が離せないから後で時間とるね。申し訳ない！」、そんなコミュニケーションを猛烈なスピードでとっていました。

ただ、猛烈なスピードでも「ありがとう」や「ごめん」を丁寧に伝え、相手を大事にしようとする気持ちが1つひとつのコミュニケーションに感じられました。

社長にそのマネージャーの評判を聞くと「彼は部下からの信頼が厚いですよ。彼の言うことはみんな聞きますから。うちの大黒柱です」と話されていました。

忙しいときにこのような対応がとれる人は一流だと感じます。


忙しいときの上司の態度は差が付きやすいところです。

忙しくてイライラしていることに気づいたら、「イライラしてメリットはあるの？」と自問し、いつも以上に相手を大事にする気持ちを持つように意識してください。

◎C：部下の態度が悪いとき

上司が感情的になりやすい状況の3つ目が「C：部下の態度が悪いとき」です。

態度が悪い部下に感情的にならずに接することは、並大抵のことではありません。

そこで少し話はそれますが、以前、私が聞いた胎内記憶の話をしたいと思います。

・子どもは親を成長させるために生まれてくる

胎内記憶とは赤ちゃんがお母さんのお腹の中にいたときの記憶です。多くの子どもは3歳くらいまではその記憶があり、歳を重ねるにつれて忘れていきます。

ところが、3歳を過ぎてもずっと忘れない子もいて、生まれてくる前の記憶を持っている子もいます。

ある小学生の女の子はその記憶を持っていて、胎内記憶の研究をされている方がその子にインタビューをしました。

「○○ちゃんが生まれてきた目的は何かな？」と聞くと、その子は「お父さんとお母さんを成長させるため」と答えました。

「それはどういう意味？」と聞くと「人は子どもを持って親になることで成長するんだよ。だから、子どもは親を成長させるために生まれてくるんだよ」と話しました。

小学生とは思えない回答ですが、それは本人が考えて言っているのではなく、そういう記憶があるからこそ言えることなのかもしれません。

・上司は部下に育てられる

この話は、上司と部下の関係にも当てはめることができます。

上司は部下を持ち、部下を育てることで上司として成長します。

それは優秀で素直な部下を持ったときよりも、仕事ができなくて、言うことを聞かない部下を持ち、その部下を何とか一人前に育て上げることができたときのほうが、上司として大きく成長します。

そのため、大変な部下を持つことは上司として大きく成長できるチャンスであり、大変な部下は自分を成長させてくれる「先生」なのです。

・部下に対する定義を変える

人は周囲の人のことを無意識のうちに「こういう人」と定義しています。そして、その人をどう定義するかで、その人に対する感情の生じ方が変わります。

例えば、ある部下を「生意気な奴」と定義したら、その部下と関わるときは怒りが湧きやすくなるでしょう。そこで「生意気な奴」から「先生」へと定義を書き換えると、その部下に対する感情の生じ方が変わります。

また、怒りを覚えるような部下の行動や態度を、上司として成長するための「課題」と定義すると、さらに感情の生じ方が変わります。

経営心理士講座の受講生のYさんは、新人の部下の対応に悩んでいました。

口では生意気なことを言うものの、仕事をやらせてみると全然できず、仕事が思うように進まないとふてくされる。

その態度にカチンとくるものの、最近の若い人は叱るとすぐ辞めるので叱ることもできない。イライラが募り、精神的にきつい状況が続いていました。

そんな中、講座で相手の定義を変える方法を学び、その新人に対する定義を「生意気な新人」から、上司として成長する機会を与えてくれる「先生」に変えました。

そしてオフィスに出社してその新人に会うたびに「○○先生、今日もよろしくお願いします」と心の中で挨拶し、生意気な態度をとられた際は「なるほど。先生、今日の課題はこれですか。ありがとうございます」と心の中で唱えるようにしました。

すると怒りが湧きにくく、冷静に対応できるようになり、「おかげさまでずいぶん怒りをコントロールできるようになり、上司として良い関わりができるようになりました」と上司としての成長を実感されていました。

私も前職のとき、問題児として有名だったS君と一緒に仕事をしたことがあります。評判どおり、出してくる成果物は誤りや漏れだらけで、勤務態度も「仕事をなめてる」と感じるようなもので、彼に苛立ちを覚えました。

そこで「S君は先生。自分は大きく成長できる機会をいただいた」と思うようにし、彼に会うたびに心の中で「S先生」と唱えるようにしました。

S先生は毎日、大変な課題を出してくださいました。しかし、そのとらえ方で臨むと腹が立たず、課題を楽しんでいる自分がいて、平常心で接することができました。その中で彼と十分に仲を深めた後に、仕事の仕方や勤務態度について指導し、改めてもらうことができました。

この定義を変える方法によって、私自身も上司としての成長を実感しました。

ちなみにこれは部下のみならず、上司や顧客、家族など、他の人に対しても活用できる方法ですので、幅広く試してみてください。

◎D：要求水準が高いとき

上司が感情的になりやすい状況の４つ目が「D：要求水準が高いとき」です。仕事ができる上司は仕事に求める水準が高い分、部下の仕事ぶりに満足できない可能性も高くなり、怒りが湧きやすくなります。

・感情的になり、徹夜で資料を直させる上司

あるＩＴ企業の営業部で多くの離職者が出ていました。その原因は、営業部長のＥ氏にありました。

Ｅ氏の営業成績はトップであり、仕事に求める水準が高く、部下の仕事がその水準に達していないと感情的になって、当たりがきつくなっていました。

ある部下は翌日のプレゼン資料を22時までかけて作成し、Ｅ氏にチェックを依頼したところ、「全然ダメ！　やり直せ」と大量の修正を指示され、徹夜で対応させられました。そのことがきっかけとなり、その部下は退職しました。

・要求水準の高さが上司を感情的にする

そこでこの会社からご相談を受けた際、社長からＥ氏に対してこのように伝えていただきました。

「君は営業に対する熱意が高く、ずいぶん優秀だから、仕事に求める水準が非常に高い。ただ、その水準をそのまま部下に求めると部下は潰れてしまう。君は他の人と比べて優秀だからこそ、その点は留意してくれよ」

Ｅ氏はこの指導を受け入れ、部下への対応を調整するようになりました。

仕事で高い水準を求めることは、決して悪いことではありません。

ただ、それが原因で感情的になり、部下にきつく当たることが問題なのです。そしてそれは自分の評価を下げることになります。

そのため、仕事ができる人ほど普段から「要求水準の高さが自分を感情的にする」と意識してください。

5 人手不足の時代に必須となるスキル

ここまで、上司が感情的になりやすい4つの状況と対応法についてお伝えしてきました。その内容をここにまとめておきます。

Ａ：部下のミスで問題が起きたとき→「問題発生時の対応が信頼を左右する」
Ｂ：業務に追われて忙しいとき→「イライラして何かメリットはあるの？」
Ｃ：部下の態度が悪いとき→「大変な部下は自分を成長させてくれる先生」
Ｄ：要求水準が高いとき→「要求水準の高さが自分を感情的にする」

◎感情の管理は時代が求める必須スキル

上司が感情の管理能力を高め、強いストレスを与えないコミュニケーションスキルを身に付けることは、関係欲求に起因する離職を防ぐうえで極めて重要なことです。
とはいえ、人によっては今までの態度やコミュニケーションを大きく改めなければいけないため、「面倒くさい」「勘弁してくれ」と思われる方もいらっしゃるかもしれません。

ただ、いつの時代もその時代の流れに応じたスキルを身に付けることが求められます。例えばパソコンが普及してからは、パソコンのスキルは多くの業界で当たり前のように求められ、パソコンが使えないと高い評価を受けられなくなりました。

同様に、人手不足の時代においては部下の離職を防ぐことがより強く求められる以上、「強いストレスを与えないコミュニケーションスキル」は、時代の流れに応じて求められる必須のスキルだと言えます。

そのスキルが十分ではなく、部下の離職を招く人は、人手不足の時代においては、高い評価を受けるのは難しいでしょう。

そのため、強いストレスを与えないコミュニケーションスキルの重要性を理解していただき、少しずつでも身に付けていただければと思います。

ここまで、関係欲求が満たされないことによる離職への対応として、「①人間関係で強いストレスを与えない」ことについてお伝えしてきました。

まずはこの対応をとったうえで、「②相手を認める関わり」を継続的に行うことで、離職者を減らし、定着率の高い職場作りを実現することができます。

そこで次に、「②相手を認める関わり」についてお伝えします。

6 部下が上司に抱く最も多い不満とは

関係欲求は良好な人間関係を築き、人から認めてもらいたいという欲求です。

この「認めてほしい」とは、具体的に言うと次のようなものが挙げられます。

・話を聞いてほしい
・共感してほしい
・褒めてほしい
・高く評価してほしい
・気に掛けてほしい

そのため、関係欲求を満たす関わりとしては、次のものが挙げられます。

Ａ：話を聞く、共感する
Ｂ：良い点を褒める
Ｃ：感謝を伝える
Ｄ：労をねぎらう
Ｅ：気に掛ける

多くの方はこの内容を見て「それが大事なことくらいわかってる」と思うのではないでしょうか。そうです。誰もがわかっているような当たり前のことです。

ただ、この当たり前のことを上司が当たり前にできていないことが原因で、世の多くの部下たちは離職しているのです。

そのため、相手を認める関わりのポイントは、「わかっている」を「できている」に変えることにあります。

まず関係欲求を満たす関わりの「Ａ：話を聞く、共感する」についてお話しします。

◎部下の話を聞けていないことに気づかない上司

経営心理士講座では「上司にどのような不満を抱いていますか」というアンケートをとっています。その結果、最も多い不満が「部下の話を聞かない」です。

皆さんも「上司に対する不満は何か?」と聞かれたら、「部下の話を聞かない」という不満を挙げる方も多いのではないでしょうか。

では、その上司は、部下からそういう不満を持たれていることに気づいているでしょうか。

「いや、気づいてないでしょ。だから相変わらず話を聞かないんだよ」と思った方もいらっしゃると思います。

ここで注意していただきたいことがあります。それは、皆さんが上司に対してそう思うように、皆さんの部下もまた上司である皆さんに対して、同じことを思っていて、皆さんがそれに気づけていない可能性があるということです。

そして、話が聞けない人が上司だと、部下は悩みを相談しようとせず、1人で抱え込みます。そうなると上司は部下の悩みを把握できないため、離職を防ぐことが難しくなります。

この点、パーソル総合研究所の「職場での対話に関する定量調査」によると、上司との面談の際、どれだけ本音を話せているかについて、41・6％の方が「全く本音で話していない」と回答しています。

この結果からも、多くの上司が部下の本音や悩みを把握できていないことがうかがえます。

そこで部下の悩みを把握できる上司となるべく、部下の話を聞くうえで留意すべき点についてお伝えします。

◎話を聞いているのに「聞いてない」と思われる上司

まず留意していただきたいのが、「話を聞く」というのは、物理的に耳を傾けていればいいというわけではないということです。

ある会社から支店の離職率が高いと相談を受け、支店長のJ氏とお会いすることになりました。J氏は体育会系の雰囲気の元気のよい方でした。

私はJ氏と話し始めて5分もしないうちに、離職率が高い理由の察しがつきました。J氏は私が話すたびに、私が話し終えないうちに私の話をさえぎって話すのです。

こういうタイプの人は頭の回転が速い人が多く、それが故にせっかちで相手が話し終えるのを待てずに話し始めるのです。こういった話の聞き方をされると、相手は「この人は自分の気持ちを受け止めようとしてくれない」と感じます。

そこで、部下の方にJ氏の印象についてヒアリングしたところ、案の定、「ワンマンで一方的」「まともに話を聞いてくれない」「自分の気持ちをわかってくれない」「悩みがあっても相談できない」といった答えが返ってきました。

人は自分の気持ちに共感してもらえたとき、認められたと感じ、相手に心を開こうとします。逆に、共感してくれないと感じると、相手に心を開こうとはしません。心

を開いていない相手には、悩みを相談しようとはしません。

そして、共感してくれないと感じる聞き方の１つが、相手の話をさえぎることです。

その後、Ｊ氏と話した際、こんな質問をしました。

「ちなみに部下の方の話って、ちゃんと聞くようにされてますか？」

「ええ、ちゃんと聞いてますよ。定期的に面談もしてますしね」

Ｊ氏は部下の話を聞けていないことに気づかないままマネジメントをし、部下は悩みをＪ氏に相談できずに抱え込み、それが離職率の高さにつながっていました。

しかしＪ氏は「自分は部下の話を聞いている」と思っていたわけです。

そこで部下の方たちの名前は伏せたうえで、ヒアリング内容をＪ氏にフィードバックしました。Ｊ氏は「なるほど、なるほど」と言いながらも、ショックを隠せない様子でした。

そして、「Ｊさんは頭の回転がかなり速い人だと思います。だからこそ会話のペースが速くなり、相手の話をさえぎってしまうので、共感が疎かになりやすい。

それだけ頭がいい人ですから、ペースを相手に合わせて、話をさえぎらず、共感しながら聞くこともできるはず。ぜひそうしてください」とお伝えしました。

こういった指導をする際は、先ほどの叱り方の戦略でお伝えしたとおり、相手のプライドを傷つけないことが重要です。プライドを傷つけてしまうと相手は心を閉ざし、言い訳するなどして言うことを聞こうとしなくなります。

そこでJ氏には、「頭の回転が速い」という点を強調し、優れた人であることを前提として、だからこそ話の聞き方も改められるはず、とお伝えしました。

その結果、J氏は私の提案を受け入れてくれました。以降、私も継続的にモニタリングすることで部下に対する関わり方が変わり、離職率も下がりました。

◎「自分は話が聞けていない」ことに気づかない社長

相手の言葉をさえぎって話す人は、「相手の言葉をさえぎっている」という自覚がなく、それが癖になっていることがあります。

そういう人は「自分は話が聞けていない」ことに気づかないのです。

数年前、カフェで本を読んでいると、隣の席に60代くらいの男性と30代くらいの女性が座られました。何やら２人とも険悪な様子。その会話が漏れ聞こえてきたのですが、社長が女性職員の退職を引き留めようとしていました。

「カフェでそんなデリケートな話をするとは……」と驚きましたが、その引き留め方は耳をふさぎたくなるようなひどいものでした。

女性「もうこれ以上無理です。何を言ったってどうせ聞いてもらえないでしょうから、今月いっぱいで辞めさせてもらいます」

社長「だから今辞められたら困るって言ってるじゃないか」

女性「社長が困るかどうか知りませんが、私はもう無理なんです。いつも私のほうが折れて我慢し……」

社長「（女性の言葉をさえぎって）そんなことないだろ。いつも要望は聞いているじゃないか」

女性「全然聞いてくれないじゃないですか。聞いているふりだけして、まったく対応する気がないじゃ……」

社長「（女性の言葉をさえぎって）そんなことないだろ。私だって会社のために一生懸命やってんだ。大変なんだよ。それでも不満を聞こうとしてるじゃないか」
女性「ほら、またそうやって私の話を聞かずに一方的に言ってくるじゃないですか。だから私は全然言うことを聞いてくれない……」
社長「（女性の言葉をさえぎって）違うだろ。何を言っているんだ。ちゃんともう1回話し合おう」
女性「もういいです。今月いっぱいで辞めさせてもらいますから」（店を出ていく）
社長「ちょっと待ちなさい」（後を追いかけていく）

女性職員の話を最後まで聞かず、途中で話をさえぎって話す社長。

その話し方を見れば、相手の気持ちを受け止める気がなく、自分の気持ちを一方的に通そうとする人だということがわかります。経営もそういうやり方をし、部下に愛想をつかされたのでしょう。

この社長も、自分が部下の話を聞けていないことに気づいていないと思います。

この例ほどひどくはないかもしれませんが、部下の話が聞けていないことに気づいていない上司は少なくありません。

そういう上司にならないよう、部下の話を聞く際は、話をさえぎっていないか、共感を疎かにしていないかに留意してください。

◎部下から悩みを話してもらえない上司の特徴

ここ数年、離職防止やモチベーション向上のために、１ｏｎ１を導入する会社が増えています。

１ｏｎ１とは、部下の本音や悩みなどの把握を目的として、比較的フランクな雰囲気の中で部下の自発的な発言を尊重しながら、上司と部下の双方向のコミュニケーションを行うものです。

私も１ｏｎ１の導入に関する相談を受けることがありますが、その中でこんな事例がありました。

その会社は離職者が多いという悩みを抱え、その解決のために社長自ら１ｏｎ１を実施していました。ところが離職者は減るどころか、むしろ増えている気配すらあるとのこと。

そこで私がコンサルタントとして関わり、まず部下の方にヒアリングを行いました。その結果、こういう意見が多く聞かれました。

「社長が『悩みとか不満があるなら話して』と言うものの、社長はトップダウンでものを言う人なので、とてもじゃないけど言いたいことなんて言えないです」

「社長に不満なんか言うと『お前はわかってない！』って説教されそうで怖いです」

「１ｏｎ１は部下の話を聞くための機会だって人事から聞いてたんですけど、結局、社長の昔話を聞かされて終わりでした。『ありがとうございます。勉強になりました』と言うと、社長はご満悦でした」

つまり、１ｏｎ１をしたつもりが、まったく１ｏｎ１になっていなかったのです。

この事例からもわかるように、普段から話を聞く姿勢がない人は、相手から「この人は自分の気持ちをわかろうとしてくれない」という印象を持たれます。

その状態で「悩みや不満があれば話してほしい」と言ったところで、相手は悩みや不満があったとしても「あ、大丈夫です」と言って話してはくれないのです。

◎離職率を40％から０％にした取り組み

ここで、共感して話を聞くことで離職者を大幅に減らすことができた、経営心理士講座の受講生のお話をしたいと思います。

その方はＷＥＢ制作会社で働かれており、業務の依頼が多く、制作部の社員は毎日深夜まで働く状況でした。そのため、毎年制作部の４割ほどの社員が辞めていました。ただ、会社としては今が事業拡大のチャンスだから、ここで業務の依頼を断るつもりはないとのこと。そんな中で彼は、離職者を減らすため、次の３つのアクションを起こしました。

ａ：いつでも部下が質問できる環境を作り、こちらからも声をかける
ｂ：質問があった際はウェルカムな姿勢を示す
ｃ：話を聞く際には共感を意識する

毎日最後まで職場に残り、部下に「わからないことがあったら、遠慮しないでいつ

でも聞いて」と伝え、質問されたらどれだけ忙しくても部下の質問に対してウェルカムな姿勢で応じることを徹底しました。そこはプライドを持ってやったと話されます。

そして相談があった場合は気持ちに寄り添い、共感を意識して話を聞きました。

このことを2年間徹底した結果、部下は悩みや不満を打ち明けてくれるようになり、その内容に対応することで、ついに離職者はゼロになりました。

「忙しいから離職者が多いのは仕方ない」と話される方もいます。たしかに、忙しい職場は離職率が高くなりやすいのは事実です。

しかし、上司が話を聞くことを徹底し、部下の悩みに対応することで、このように離職率を下げることはできるのです。

◎離職率50％超が0％になった例も

また、別の受講生の方は、講座の内容を活用して組織コンサルティングをされています。

その方はあるとき、50％超というかなり離職率の高い会社からコンサルティングの依頼を受けました。その会社に関与した結果、翌年度にはその組織の離職率を5％以下にまで抑えることができました。そしてさらに、その次の年には離職者がゼロになりました。

劇的な成果を収められているわけですが、その取り組みの１つが、社員全員と毎月面談をし、不満や悩みを聞き出す機会を設けたことです。

彼は社員の気持ちに寄り添って丁寧に話を聞き、フォローすることを続けた結果、社員から本音を話してもらえるようになります。

そして、面談の結果、会社として対応が必要だと感じたことについては、上層部に伝え、対応を促すことでここまでの成果を残すことができました。

関係欲求を満たすように話を聞くためには、まず「上司は自分の気持ちをわかってくれる人だ」と思ってもらうことが必要であり、そう思われると部下は本音を話してくれるようになります。本音が把握できれば、その内容に対応することで離職を防ぐことができます。

そして、そのように思われるためには、普段から共感を意識して話を聞くことが必要なのです。

7 「部下の褒めるところ」が見当たらない理由

次に、関係欲求を満たす関わりの中の「B：良い点を褒める」「C：感謝を伝える」「D：労をねぎらう」についてお話ししたいと思います。

◎上司の反応が仕事の面白さややりがいに影響する

私の知り合いに、メーカーでマーケティングの仕事をしているS氏がいます。彼女は前職でもマーケティングの仕事をしており、その経験を生かせる仕事ということで今の会社に転職しました。

転職の理由を聞くと、前職は仕事が面白くなかったとのこと。ただ、仕事の内容は今の会社もそれほど変わっておらず、その点に関して彼女はこう話してくれました。

「前職の上司は、仕事はできて当たり前、仕事に不備があると厳しく叱るという人だったので、褒められたことはないです。仕事をどれだけ頑張っても次のタスクが降ってくるだけ。なので仕事が面白いと感じたことはなかったです。

あるとき、その上司の連絡漏れで問題が起きて、夜の3時までかけて何とか対応したことがありました。さすがにこれはお礼の一言くらいあるだろうと思い、上司に報告したところ、『了解。結構時間かかったね。で、〇〇の件はまだ終わらないの？』と別の仕事の進捗を聞かれました。あのとき、『この人には血が通ってない』と思いました。それで、もうこの会社辞めようって思いましたね。

その後、転職して今の職場に来てみたら、良い提案をしたら上司が褒めてくれて、ちょっとしたことでも『ありがとう』と言ってくれるんです。職場によって上司の雰囲気ってこんなに違うんだと驚きました。なので、同じ仕事でも面白さが全然違うし、やりがいを感じます。朝の寝起きも良いです」

S氏の気持ちがわかるという方も多いのではないでしょうか。

「B：良い点を褒める」「C：感謝を伝える」「D：労をねぎらう」といった上司の関わりによって、部下の関係欲求が満たされるかどうかで、部下の仕事の面白さややりがいは大きく変わります。そして、それが離職率にも影響します。

◎意識を変えれば「褒めるところ」は見つかる

ただ、コンサルティングの現場でこれらのことをお伝えすると、次のような反論が返ってくることがあります。

「褒めたいのはやまやまですよ。でも部下は褒めるようなことをしてないいんだから、褒めるなんて無理です」

中には「うちの部下のどこを褒めろというんですか！　褒めるところなんかないです！」と感情的に反論されたこともありました。

でも、本当に部下には褒めるところがないのでしょうか。

人はどのようなアンテナを張って物事を見るかで、目につくものが変わります。

一般的に上司は「どこかミスや漏れはないか、不十分な点はないか」というアンテナを張りながら部下の仕事ぶりを見ます。

そうするとミスや漏れ、不十分な点などの悪いところばかりが目につき、「そんな部下のどこを褒めろというんだ！」と反論したくなるわけです。

そのため、そういった反論をされた際は「どこか褒めるところはないかというアンテナも張りながら、部下の仕事ぶりを見ていますか？」と質問します。すると、ほとんどの方がそのアンテナは張っていないと答えます。

そこで「では今後はそのアンテナも張りながら、部下の仕事ぶりを見るようにしてください」と宿題を出します。

そして次にお会いしたとき、「部下の褒めるところが見当たらないですか？」と聞くと「まぁ、なくはないですね」「見方を変えれば見つかるもんですね」と話してくれます。

◎アンテナの張り方を変えたら、部下が辞めなくなった

７年前、ある不動産会社の社長から、離職率が高いとの相談を受けました。

その社長は部下への当たりがかなりきつく、部下に対する意識を根本的に改めても

らう必要がありました。そこで「褒めるところはないか」のアンテナを張ることを継続的に指導しました。

それから7年が経ち、今では社員が辞めなくなったため、社員の平均勤続年数が毎年上がり続けています。その変化について、社長はこう話されます。

「昔は部下の悪いところばかり目についていたので、腹が立ってきつく当たってました。でも『褒めるところはないか』のアンテナを張るのをずっと続けてたら、部下の良いところにどんどん気付けるようになったんです。

良いところに気付いたら言葉に出すように藤田さんに言われてたので、実際、言葉に出すようにしたら、かなり部下を褒めるようになりました。その頃から自然と社員に感謝の気持ちで接するようになりました。それからですね。社員が辞めなくなったのは」

このように、部下にきつく当たっていた人でも、「褒めるところはないか」のアンテナを張り続けると、部下の良いところに気付けるようになり、そして部下を褒めることができるようになるのです。

その場合、部下を褒めることができない原因は、部下に褒めるところがないことではなく、上司が部下の褒めるところに気付けていないことにあるのです。

そのため、部下の褒めるところが見当たらない人は、「褒めるところはないか」のアンテナを継続的に張るようにしてみてください。

それは部下への関わり方に大きな変化をもたらします。

◎「成長の跡」を褒める

褒めるところを見つける切り口の１つが、「成長の跡」を見つけることです。

業務の内容としてはまだ褒められるレベルに達していなくても、前よりは業務のレベルが上がった、できなかったことができるようになったという場合は、その成長の跡を褒めることができます。

さらに、成長の跡を褒めることで、部下は「上司はちゃんと自分のことを見てくれている」という安心感が持てます。その安心感が上司への信頼につながります。

また、成長の跡を直接把握できない場合は、どう成長したかを部下に質問し、答えてもらうことで把握することもできます。

ある製造業の会社の取締役の方が、こんな話をしてくれました。

「私はもともと不器用で、工場で働いていた若いころから仕事を覚えるのが遅くて、いつも上司に怒られていました。他の同僚はどんどん仕事を覚えていくので、私は落ちこぼれでした。本当につらかったですよ。だから何度も辞めようと思いました。

そんなとき、社長が本社から工場に来て、こう声をかけてくれたんです。

『君は仕事を覚えるのに苦労してるみたいだな。君は周りと比べるな。昨日の自分より少しでも成長することだけを考えなさい』

そのとき、目の前がぱっと開けた感じがしましたね。

それで半年くらいしてから社長がまた声をかけてくれたんです。『どうだ。前の自分より成長してるか?』って。それで私がどう成長したかを説明したら、『いいじゃないか！　それでいいんだ。これからもそうやって頑張れよ』って言ってくれました。

もう嬉しくて、その日の帰り道に涙が出ました。そしてそのとき、この人に一生ついて行こうと思いました。そうやって頑張って、今は役員にまでなれましたよ。本当にあの人には世話になりました」

この社長は落ちこぼれの若手がいると聞いて、つらい思いをしていないかと気遣ったのでしょう。そして昨日の自分より成長することを促し、成長の跡を褒めたのです。つらいときほど、褒めてもらえた言葉は胸に響くものです。そのため、この社長の言葉は「この人に一生ついて行こう」と思わせるほどの力を持ったわけです。

皆さんの周りにも、そんなふうにつらい思いをしている部下はいないでしょうか。

部下の仕事を見る際は「どこかミスや漏れはないか、不十分な点はないか」というアンテナに加えて、「どこか褒めるところはないか」「成長の跡はないか」というアンテナも張るようにしてみてください。

そして、良い点や成長の跡を見つけたら、その点について伝えてあげてください。

8

わからないことを聞けない新人の心理

次に、関係欲求を満たす関わりの「E：気に掛ける」についてお話しします。このテーマについては、主に新人に対する対応についてお伝えします。

◎上司のほうから声をかける

新人のころはわからないことが多いものですが、上司に質問しようとしても上司が忙しくしていると、質問できなかったりします。

それで身動きがとれず、時間ばかり過ぎていく。そして上司から「できた？」と聞かれ、「いや、ちょっとわからないところがありまして」と答えると、「じゃ、なんで早く聞かないの！」と叱られる。

そういったことが続いて心が折れると離職します。特に真面目で気が弱い人ほどこの傾向にあります。

上司としては「わからなかったら聞けよ」と思うかもしれませんが、真面目で気が弱い新人は、上司が忙しそうにしているとなかなか質問できないのです。

だからといって忙しそうにするなとは言いません。忙しいのに忙しそうにしないのは至難の業です。

その代わり、1日1回は「わからないところない？　大丈夫？」と声をかけてあげてください。この一言に新人は救われます。

このことをある製造業の会社の管理職の方に伝えたところ、こう言われました。

「わざわざ上司のほうから聞いてあげないといけないんですか？　過保護でしょ」

なるほど。お気持ちはわかります。「そこまでケアしないと辞めるようなひ弱な新人は、辞めてもらって結構」と言いたいのもわかります。

ただ、第1章でお伝えしたとおり、今は採用難の会社が多く、新人に辞められたからといって代わりの人を採用しようとしても、簡単には採用できない時代です。

そのため、ひ弱な新人であっても辞められないように関わり、粘り強く育てて一人前にしていくことが、今の時代の上司には求められるのです。

この点は、現場の上司の共通認識として持っておくことが重要です。

◎直属の上司以外の相談先を作るのも効果的

また、メンターとして特定の人を新人のお世話係として付けるのも効果的です。

メンターを付けることで、新人も「この人には遠慮なく質問してもいいんだ」と思えるため、より質問しやすくなります。


さらには、メンターに加えて人事の相談窓口を設け、そちらにも相談できるようにすると、より手厚いケアができます。

これはメンターを付けたものの、そのメンターが新人の指導を十分にしなかったり、メンターとの相性が悪かったりする可能性があるからです。

◎挨拶がない会社は離職率が高い

また、離職率の高い会社によくある特徴の1つが「挨拶をしない」ということです。

こういう会社にいた人は「人間関係が希薄だった」「ドライな人が多かった」とい

った話をされます。

挨拶は相手を気に掛けるコミュニケーションの最たるものです。

そのコミュニケーションがある場合とない場合とでは、良好な人間関係を築ける可能性は大きく変わります。特に、親しい人が少ない新人にとって、社内の人が挨拶の声をかけてくれるかどうかは、関係欲求の満たされ方を大きく左右します。

そのため、離職率を下げたいと相談を受けた場合、その会社に挨拶の習慣がなければ挨拶を根付かせてもらいます。

◎飲み会、ランチ会の開催

また、飲み会やランチ会などの開催によりメンバー間の親睦が深まると、業務において質問や相談がしやすくなり、不明点や悩みを1人で抱え込むことが減ります。それによりストレスも緩和されます。特にこれは新人にとって重要なことです。

こうやってメンバーとの交流が活発になると、会社に「居場所」を感じられるようになります。これは関係欲求を強く満たすことにつながります。

ただし、そういった会を開催する際は、上司が一方的に自分の話をするのではなく、部下の話を共感しながら聞くことを意識してください。

このように、新人の離職率が高いと相談に来られる会社には、1日1回以上の声掛けとメンター制度の導入、挨拶の習慣化、飲み会やランチ会の開催をおすすめしますが、導入したほとんどの会社で新人の離職率が下がっています。

入社してから数年が経ち、上司として勤務する中で新人時代の気持ちを忘れると、こういった関わりが疎かになりやすいものです。

いま一度、自分が新人だったころの気持ちを思い出し、これらの関わりを行っていただければと思います。

9 パワハラ上司と迷惑顧客から部下を守る

関係欲求に起因する離職を防ぐうえでは、会社としての対応も重要になります。

◎当たりのきつさを改めさせるには

まず、本章第2節でお伝えした部下への当たりがきつい上司に対しては、離職者が出る前にその関わり方を改めてもらう必要があります。

人の採用が難しく、離職者が出るとその穴をなかなか埋められない状況にあるのであれば、まずその現状を理解してもらうことです。そのうえで、離職者が出ないようにするための職場作りに今まで以上に力を入れていきたいと、会社の方針を伝えます。

それでも当たりのきつさが改まらないときは、部下への関わり方を改めてほしいと指導する必要があります。

その指導において注意が必要なのが、先ほどもお伝えしたプライドへの配慮です。

例えば、仕事に求める水準が高いE氏の事例では「君は営業に対する熱意が高く、仕事に求める水準が非常に高い。ただ、その水準をそのまま部下に求めると部下が潰れる。君は他の人と比べて優秀だからこそ、その点はよく留意してくれよ」とお伝えした結果、E氏は態度を改めてくれました。

また、支店長のJ氏の事例では「あなたは頭の回転がかなり速い。だからこそ会話のペースが速くなり、共感が疎かになりやすい。それだけ頭がいい人なんだから、ペースを相手に合わせて、話をさえぎらず、共感しながら聞くこともできるはず。ぜひそうしてほしい」とお伝えすることにより、J氏は話の聞き方を改めてくれました。

このように相手の優れた点を伝え、その点を強調しながら改めるべき点を指摘することで、相手のプライドに配慮した指導ができます。

こういった伝え方をせずに改めるべき点だけを指摘すると、相手がへそを曲げてしまって言うことを聞かなくなるおそれがあります。

何かを改めてもらうときには、プライドに配慮した伝え方をすることを忘れないようにしてください。

◎関わり方の改善が見られない場合の対応

ただ、そうやって指導しても改まらない人もいます。

その場合は、部下と関わらせないポジションにつけるのも１つの手です。

例えば、上司や同期のみと取り組む仕事に従事させる、１人で取り組む仕事に従事させるなどです。

ある機械メーカーでは、社内でもいちばんの技術を持ったベテラン社員Ａ氏の部下への当たりがきつく、過去に複数人の部下が辞めていました。Ａ氏の頑固さを考えると、その当たりのきつさを直すことは無理だろうと会社は判断しました。

そこでＡ氏に「あなたの技術力は社内でいちばんなので、その技術力を生かした仕事に専念してもらいたい」と伝え、製造ラインから外れてもらい、「特別技術職」という役職を与えました。そして、少し昇給し、難しい修理を専門的に担当してもらいました。

製造ラインから外れ、基本的に１人で修理を担当することになったため、Ａ氏の直属の部下はいなくなり、離職者が出ることもなくなりました。

また、Ａ氏も技術の高さが評価されて特別な肩書が与えられ、昇給もし、難しい仕事を優先的に担当できているため、意欲的に業務に取り組んでくれています。

こういった取り組みを通じて、会社として当たりのきつい上司から部下を守ることも必要です。

その際にはこの事例のように、当たりがきつい上司にも気持ちよく働いてもらうための配慮も忘れないようにしてください。

◎顧客との関係も「関係欲求」に影響する

社内の人間関係だけではなく、顧客との関係も関係欲求を満たすうえでは重要な要素となります。

顧客にひどい扱いを受けて強いストレスを感じると、それも離職の要因となります。そのため、クレームが多い、当たりがきつい、無理難題を言ってくるといった顧客から社員を守ることも、会社として必要な対応です。特に若手社員はケアが必要です。

ある保険代理店では、「営業はお客様と関係を深めること。そのために徹底的にお客様のお役立ちをする」ということが営業方針となっていました。

若手のO氏もその方針のもと営業を進め、ある会社の社長に気に入られ、保険の契約をとることができました。

ところがそれ以降、その社長に頻繁に飲みに付き合わされるようになります。また、突発的に電話がかかって来て、「今から来い」と言われ、「ちょっと先約がありまして」と断ると怒られることも。そういったことが度々起こり、O氏は精神的にまいってしまいます。

身近な上司に相談しても、上司もお客様のことを無視しろとも言えず、まともなアドバイスができませんでした。

その状況が続き、O氏は限界を迎え、辞表を出します。会社はその社長の担当を代えようと提案しますが、「もうこの仕事が嫌になりました」と、O氏は違う業界に転職しました。

このように顧客との関係がうまくいかず、強いストレスを抱えると、その仕事が嫌になり、違う業界へ転職するケースがあります。

そうなる前に担当を代えるなどの対応をとることが必要です。

また、顧客との関係がうまくいっていないことは恥ずべきことだととらえる人は、顧客との関係に関する悩みを上司に相談しないこともあります。その場合、部下が顧客からひどい対応を受けていることを把握するのは難しいものです。

そこで、メールのｃｃに上司を入れる、チャットのスレッドに上司も入る、「大丈夫？　何か困ったことない？」と声掛けをする、メンターを付けるといった対応をとることで、部下の顧客との関係に関する悩みを把握しやすくなります。

また、先の事例ではＯ氏は身近な上司に相談し、上司もその悩みを把握してはいるものの、お客様との関係にまで口を挟める立場にはなかったため、適切なアドバイスができていませんでした。

こういう事態に備え、会社として対応する相談窓口を設けるのも有効な手段です。

10 叱っても部下が離れない上司の特徴

本章では、関係欲求に起因する離職の心理と離職を防ぐための関わりについてお伝えしてきました。

この関わりは、ただ実践すれば効果が出るのかというと、そんな単純なものではありません。この関わりが功を奏するかどうかは、その前提として上司が部下から信頼を得ているかどうかで大きく変わります。

◎関係欲求を満たす関わりは、信頼を得ることが前提

部下の立場で考えてみてください。

例えば褒められるにしても、信頼している上司から褒められるのと、信頼していない上司から褒められるのとでは、その嬉しさはまったく異なるでしょう。

叱られる場合でも、信頼している上司から叱られるのと、信頼していない上司から叱られるのとでは、その言葉の受け止め方はずいぶん違うと思います。

信頼されていない上司は、褒めても喜ばれず、叱ると部下は離れます。

一方、信頼の厚い上司は、褒めると大いに喜ばれ、叱っても部下は離れません。

褒めれば部下は喜ぶのか。叱れば部下は離れるのか。

それは部下からどこまで信頼を得ているかによるのです。

そして何より部下は、信頼できる上司の下で働きたいと思うものであり、上司が信頼できなければ、そのこと自体が離職の要因となります。

◎継続して関係欲求を満たすことが信頼につながる

信頼は一朝一夕に得られるものではなく、日々の在り方から時間をかけて形成されるものです。

では、どういう在り方をすれば信頼を得られるのでしょうか。

信頼はさまざまな要素が影響し合って形成されていくものであるため、ここで端的にお伝えすることは難しいですが、最低限必要なのが、約束やルール、マナーを守ることです。これができていない上司が部下から信頼を得ることは難しいでしょう。

そして信頼のベースとなるのが本章でお伝えした、話を聞く、共感する、良い点を褒める、感謝を伝える、労をねぎらう、気に掛けるといった相手を認める関わりです。そういった関わりを継続し、上司の在り方として定着させることが、信頼の形成につながります。信頼形成の鍵を握るのは「継続」なのです。

ただ、そうやって徐々に形成された信頼が途端に失われる場合があります。その1つが感情的になって取り乱したときです。

怒りに任せて責め立てる、きつく当たる、怒鳴る。

こういったことがあると、これまで築いた信頼は途端に失われます。

そのため、本章でお伝えした感情の管理は、信頼を維持するためにも、ぜひ意識してください。

この信頼の持つ性質に留意し、部下との信頼を築いたうえで、本章でお伝えした関わりを継続的に実践していただければと思います。
その取り組みは、上司としての大きな成長をもたらします。

【第3章　まとめ】

●関係欲求とは、良好な人間関係を築き、人から認められたいという欲求。
●角を立てたくないため、人間関係が理由の離職は、本音を言わないことがある。
●叱ることは否定を伴いやすいため、次の点に留意したうえで慎重に行う。A：プライドを傷つけない、B：叱る目的を意識する、C：叱り終えるまでメタ認知し続ける。
●上司が部下に対して感情的になりやすい状況と対応法は次のとおり。
A：部下のミスで問題が起きたとき↓「問題発生時の対応が信頼を左右する」
B：業務に追われて忙しいとき↓「イライラして何かメリットはあるの？」
C：部下の態度が悪いとき↓「大変な部下は自分を成長させてくれる先生」

D：要求水準が高いとき↓「要求水準の高さが自分を感情的にする」

●人手不足の時代では部下の離職を防ぐことが強く求められる以上、強いストレスを与えないコミュニケーションスキルは時代の流れに応じて求められる必須スキル。

●共感のない話の聞き方をしても、話を聞いてくれているとは思われない。

●この人は話を聞いてくれない人だと思われると、悩みを話してもらえなくなる。

●「良い点を褒める」「感謝を伝える」「労をねぎらう」といった上司の関わりによって、部下の関係欲求が満たされるかどうかで、仕事の面白さややりがいは大きく変わる。

●「わからないところない？　大丈夫？」という言葉がけは、新人にとって非常に重要なコミュニケーション。

●当たりの強い上司や顧客は、部下と関わらせないようにすることも必要。

●信頼されていない上司は、褒めても喜ばれず、叱ると部下は離れる。信頼の厚い上司は、褒めると大いに喜ばれ、叱っても部下は離れない。関係欲求を満たす関わりを行う前提として、部下から信頼を得ることが重要。

第4章　成長欲求——意欲の高い部下の離職を防ぐ

1 好待遇を捨ててまで成長を求める部下たち

第4章では、成長欲求が満たされないことによる離職と対応についてお話しします。

成長欲求とは、能力を伸ばしたい、苦手を克服したい、創造的・生産的でありたいという欲求です。さらには自分の可能性を伸ばしたい、可能性を追求したいという欲求です。この欲求を満たすため、人は成長の機会を求めます。

第1章で私が列挙した離職理由のうち、成長欲求に関するものは次のとおりです。

・自分が望むスキルや経験が得られないと思った（成長欲求）
・このままこの会社にいても成長できないと思った（成長欲求）
・この会社で働く未来に不安を感じた（生存欲求、成長欲求）
・仕事が面白くなかった、やりがいを感じられなかった（成長欲求、公欲）
・新たな挑戦をしたかった、自分の可能性を試したかった（成長欲求）

また、厚生労働省が発表している離職理由のうち、成長欲求に関するものは次のとおりです。

・仕事の内容に興味を持てなかった（成長欲求、公欲）
・能力・個性・資格を生かせなかった（成長欲求）
・会社の将来が不安だった（生存欲求、成長欲求）

本章ではこれらを原因とする離職の心理と対応についてお伝えします。

◎成長欲求には個人差がある

仕事を通じて成長欲求を満たしたいというニーズの強さは、人によって異なります。より多くの経験を積んでもっと仕事ができるようになりたい、スキルアップしたい、望むキャリアを築きたいという人もいれば、仕事は給料のためにやっているだけだから、最低限のことだけやってさっさと帰りたいという人もいます。

そのため、まずは各人のニーズを把握することが重要です。

こういったニーズを把握せずに「若手はストレスに弱いから、ハードに仕事をさせてはいけない」と思って仕事の負担を軽くしたら、「この会社はぬるいです。もっと厳しい環境でもまれたいです」と言って若手が辞めていった。

こういった事例は、離職の典型的なパターンの1つです。しかも、この場合、成長意欲の高い貴重な人材の流出となるため、会社にとっては大きな痛手となります。

また、成長欲求が強く、残業までして仕事に取り組んでいた人でも、結婚したり、子どもができたりするとプライベートを優先したいとニーズが変わり、残業がない会社に転職する事例もあります。

こういったことが起きないように、本人の意向は定期的に確認する必要があります。

◎成長欲求の強い人は「自分の市場価値」を意識する

成長欲求の強い人は自分の市場価値を意識する人が多く、年齢とともにスキルや実績を着実に積み上げようとします。

そのため、成長しないまま歳をとることに焦りを覚え、業務を通じて成長している実感が得られなかったり、仕事がマンネリ化したりするとモチベーションが下がり、それが離職の要因となります。

私の友人Ｈ氏は外資系金融機関に勤め、２０００万円以上の年収を得ていました。しかし、勤続年数が長くなり、業務に必要な知識も経験も十分に身に付き、なおその業務を延々と担当する状況に疑問を感じ、再三会社に部署異動の希望を出します。ところが彼の希望は受け入れられなかったため、彼は転職をします。ただ、転職先の年収は８００万円でした。

大幅に年収を下げてでも転職した理由を聞くと「あのままあの会社にいたら、自分の成長はないと思った」と話しました。

そして転職後の状況を聞くと「今は自分がやりたい仕事ができているので、やりがいを感じるし、成長を実感できるので毎日が楽しい」と嬉しそうに話していました。

大手コンサルティング会社に勤めていたＮ氏は、経営コンサルティングのスキルが身に付くと思って入社したものの、実際の仕事はデータ収集やパワーポイントの資料作成ばかりで、コンサルティングスキルが身に付かない状況にうんざりしていました。

その旨を上司に相談すると、「今は下積みの時代だから。年次が上がればコンサルティングスキルが身に付く仕事もできる」と言われ、その後、数年働きました。

しかし、年次が上がって任された仕事は営業でした。

自分の要望が通らない状況に嫌気がさし、N氏は小規模のコンサルティング会社に転職します。その後、私がお会いした際、N氏は嬉しそうにこう話されました。

「前職と比べると今の会社はオフィスも福利厚生もインフラもしょぼいです。でも仕事の内容がまさにやりたかったことなので、転職して本当に良かったです」

年収が下がる、オフィスも福利厚生もインフラもしょぼくなる。

それでも成長欲求の強い人は、「この会社にいると成長できない」と感じると成長の機会を求めて離職するのです。

２　仕事内容に納得してもらう４つの対応

次に、成長欲求に関係する離職理由にどう対応するかについて、お話しします。

まず「自分が望むスキルや経験が得られないと思った」「このままこの会社にいても成長できないと思った」という理由についてです。

どういう仕事をしたいのか。どういった経験やスキルを身に付けたいのか。それは人によって異なります。

しかし、「うちの部署で働いてるんだから、こういう経験やスキルを身に付けたいんでしょ」と決めつけてしまう上司もいます。

その決めつけによって、部下の希望しない仕事を長く担当させてしまうと、部下は「ここにいては欲しい経験やスキルが身に付かない」と感じ、水面下で転職活動を始め、内定先が決まった後に退職の申し出をしてきたりします。

「だったら、そういう経験やスキルが身に付く仕事を担当させてあげるよ」と引き留めても、「もう内定先も決まっているので」と辞めていく。

上司からすれば「だったら先に言ってよ……」と嘆きたくなるところですが、時すでに遅しです。

そういった事態に陥らないように、次の対応が必要です。

①身に付けたい経験・スキルを把握する
②①が身に付く仕事を任せ、実力の向上をフィードバックする
③（すぐに②が難しい場合）将来的に①につながる仕事を任せると説明する
④（②③が難しい場合）①を希望する目的を把握し、担当する仕事の価値を説明する

◎①身に付けたい経験・スキルを把握する

まず面談などを通じて身に付けたい経験・スキルがあるかどうかを確認します。

ただ、確認した場合でも上司は「向いている仕事をさせたほうが本人のためだ」と考え、要望どおりの仕事をさせないことがあり、それで離職に至ることもあります。

ある金融業の会社で、20代の女性が営業成績1位をとるという快挙が生まれました。社長も役員もその快挙を褒め、今後のさらなる活躍を期待していました。ところがその後、その女性は会社を退職します。その理由をこう話されました。

「もともと会計や金融の知識を付けて、資格とか形に残るキャリアを築こうと思ってこの会社に入ったんです。でも営業に回されました。営業はお客様の都合に合わせないといけないので、平日の夜とか土日とかも働くことになるし、つらいんです。だから人事に事務をやらせてほしいとお願いしたんですが、『まずは配属された部署の仕事をちゃんと頑張ってからじゃないと異動させられない』と言われました。

それで営業を頑張って1位をとったので、もう異動させてもらえるだろうと思ってお願いしたら、『営業成績1位の人が何を言ってるんだ！　君は営業が向いてるんだから、その長所を伸ばしたほうがいい』と言われました。それで会社が信用できなくなったので、辞めました」

このように向いている仕事とやりたい仕事は必ずしも一致するわけではありません。そのため、得意な仕事は本人も喜んでやっているのだろうと決めつけず、本人の意向を確認することが大事です。

ただ、やりたい仕事や得たい経験・スキルが明確にあるわけではない部下に無理に明確にさせると、その経験・スキルが得られない場合、不満を感じるようになります。ですので、「もしやりたい仕事や得たい経験・スキルが明確にあるのであれば、教えてほしい」という聞き方に留めるくらいが良いでしょう。

◎② ①が身に付く仕事を任せ、実力の向上をフィードバックする

本人に得たい経験・スキルが明確にある場合は、極力その経験・スキルが身に付く仕事を任せます。

そこで大事なのが、部下の成長に応じて成長している旨のフィードバックをすることです。

その仕事を通じて自分としては成長しているつもりでも、上司からポジティブなフィードバックがなければ、成長に自信が持てない人もいます。それでは成長欲求が満

たされにくくなります。

そうならないように、部下に成長の跡が見られたら「ずいぶん早くできるようになったね」「この分野についてずいぶん詳しくなったね」「プレゼンのレベル、かなり上がってるよ」といったフィードバックをすることが重要です。

このフィードバックがあるかないかで、部下の成長欲求の満たされ方は大きく変わります。

◎③（すぐに②が難しい場合）将来的に①につながる仕事を任せると説明する

②のように本人が望む経験・スキルが身に付く仕事をすぐに任せることが難しい場合、将来的にはその経験・スキルが身に付く仕事を担当できるようにする旨と、そのために今の仕事を通じてどういう力を身に付けておく必要があるのかを説明します。

大切なのは、下積みなどの今の仕事が、自分の身に付けたい経験・スキルを得るうえでどのような意味を持つのかを説明することです。それによって今の仕事に対する意義が感じられると、モチベーションの低下を防ぐことができます。

この説明をしないまま下積みをさせ、成長意欲の高い若手が辞める例も多いです。

ある製造業の会社では、幹部候補となり得る将来有望な若手は、製造、営業、経理に精通してもらう必要があるため、製造部、営業部、経理部の順番で経験させる方針をとっていました。

あるとき、「うちの会社には、このレベルの人材は滅多に来ない」というほどの期待の新人、K氏を採用することができました。K氏は法人営業部を希望していましたが、配属先は即、製造部に決まります。

そして、2年が経ったころ、K氏は辞表を提出します。理由は希望する仕事をさせてもらえなかったから。

そこで人事部長が「うちの会社は、幹部候補となる優秀な若手は、製造、営業、経理の状況を把握してもらうために、その順番で経験させる方針をとっているんだ。君はまさにそういう人なので、製造部で経験を積んだ後は営業の仕事をやってもらおうと思っている」と伝えます。

しかし、K氏は転職活動を進めており、すでに複数社から今の給料よりも高い金額でオファーをもらっているとのことで、そのまま退職していきました。

そのいきさつを知った社長は「なんではじめに製造部に配属した理由を伝えておかなかったんだ！」と人事部長を叱ったそうです。


こういったことのないように、本人の希望しない仕事を下積みとしてやってもらう際は、あらかじめその旨、説明しておくことが重要です。

また、一度伝えれば良いというわけではなく、年に1回など、定期的に伝えることも重要です。

◎④（②③が難しい場合）①を希望する目的を把握し、担当する仕事の価値を説明する

本人が身に付けたい経験・スキルが明確にあるものの、その経験・スキルが身に付く仕事を任せることが今も将来においても難しい場合もあります。

その場合は、そもそもなぜそういった経験やスキルを身に付けたいのか、その目的について質問します。

そして、その目的を果たす方法は、その経験、スキルを身に付けるという方法以外にもあることを伝え、その1つの方法として自社で経験できることを提案します。

ある企業の人事部で働くM氏から受けた相談です。

入社後、経理部に配属された社員が、コンサルティング部門への異動を希望し、この異動が認められなければ退職も考えているとのこと。人事部としてはイレギュラーな異動は難しいので、どう返答したものかとの相談でした。

そこで、なぜその部門に異動したいのか、その目的を確認していただき、その目的に沿った形で経理の経験を積むことの意義を説明してくださいとお伝えしました。

M氏はその社員に異動を希望する目的を確認しました。すると、実家が事業をやっており、その経営に関してコンサルティングができるようになりたいとのことでした。そこでM氏はこう答えました。

「経営のコンサルティングをするのであれば、数字が読めなければ話にならない。だから経理部で会計のスキルを身に付けることは経営コンサルティングの基礎となる。それから、うちのコンサルティング部門でやっていることは、実はそのほとんどがシステムの導入で、実態としては経営コンサルティングとは言い難い。他社のコンサルティング部門でも同じような状況のところは多い。

それより経理部で会計のスキルを身に付けながら、形に残るキャリアとして簿記の資格をとるほうが、よほど経営コンサルティングに役立つスキルが身に付く。そのためにまずは簿記３級の資格を目指してみてはどうかな」

するとその社員は満足した様子で、経理部でしっかり働きたい、簿記３級もとりたいと意欲を示してくれたとのことでした。

このように、直接的には部下の希望に沿えない場合でも、それを希望する目的を確認することで、お互いに納得のいく結論を導き出すことができます。

こういった形で、部下のニーズを把握し、極力ニーズに沿った仕事の任せ方をしていくことが、成長欲求を満たすことにつながります。

特に向上心の強い若手に対しては、この関わりは重要になります。

3 現状は満足でも未来に絶望すると辞める

次に、「この会社で働く未来に不安を感じた」という離職理由にどう対処するかについてお伝えします。この離職理由に対応するうえでは「未来の管理」が重要になります。

◎未来のイメージは離職の動機を左右する

人は未来に生きる存在です。

明日いいことがあると思うと、今いいことが起きているわけでもないのに今が楽しくなり、明日つらいことがあると思うと、今つらいことが起きているわけでもないのに今がつらくなります。

オーストリアの精神科医ヴィクトール・フランクル（１９０５～97年）はナチスの強制収容所に収容され、十分な食事も与えられず、極寒の地で過酷な労働を強いられ、監視役には理不尽な暴力を受けるという経験をしました。

多くの収容者がその状況に耐えきれず死んでいく中で、彼はその状況を耐え抜き、収容所を生きて出ることができました。彼は、生き残った人たちにはあることが共通していたと言います。それが「未来の希望を捨てなかった」ということでした。

収容所を生きて出た人は収容所を出た後の未来に意識を向け、希望を持ち続けました。一方、未来に絶望した人は生きる気力を失い、生きることを放棄していきました。

人は未来に希望を見出すと気力が湧き、未来に絶望すると気力を失います。

これは、離職の動機についても同じことがいえます。

この会社で働く未来に魅力を感じると意欲的に仕事に取り組もうとします。しかし、その未来に魅力が感じられないと仕事への意欲はなくなり、離職の動機が高まります。

そのため、部下の離職を防ぐには、これまでお伝えしてきた関わりを通じて「現状に満足してもらうこと」と、それに加えて「未来に魅力を感じてもらうこと」の両方が必要なのです。

◎会社の未来に魅力を感じるために必要なこと

では、未来に魅力を感じてもらうためには、どういったことが重要なのでしょうか。

経営心理士講座では「どのような状況であれば、その会社の未来に魅力を感じますか」というテーマでディスカッションやアンケートを行っています。

その中で特に多い答えは次のとおりです。

- 評価基準、キャリアパスが明確
- 順調に昇進できている、給料や賞与が上がっている
- 憧れの上司、尊敬できる上司がいる
- 上司がイキイキと仕事をしている
- 会社がビジョンを示している

・自分の成長が期待できる
・新たな経験ができそう
・会社の事業が拡大している
・商品やビジネスモデルが時代の流れに乗っている

この結果から、会社の未来に魅力を感じてもらうためには、次の４つの対応が重要になります。

①評価基準やキャリアパスを明確に示す
②憧れの上司、尊敬できる上司を育てる
③「ワクワク感」と「安心感」を満たすビジョンを示す
④時代の流れに合った事業展開をし、好業績を残す

④は事業戦略の話となり、その内容は多岐にわたるため、ここでは①〜③について詳しくお伝えしていきたいと思います。

◎評価基準やキャリアパスを明確に示すことの重要性

まず、評価基準についてですが、評価基準が曖昧だったり、なかったりすると、社員はどうすれば高い評価を受けられるのかがわかりません。そうなると、努力の方向性を見出すことができなくなります。

その状況では、未来に魅力を感じることは難しいでしょう。

また、この会社で年次を重ね、昇進した場合、具体的にどういった状況が訪れるのか、それによってどのような可能性が得られるのかを示すのがキャリアパスです。

会社が評価基準とキャリアパスを明確に示すことで、社員はこの会社で働き続けた場合、どのようにステップアップしていけるのか、そのためにはどういう努力をすれば良いのかが、具体的にイメージできるようになり、それが未来の魅力を高めます。

逆に、会社が評価基準やキャリアパスを示さなければ、この会社で働き続けた場合の未来が具体的にイメージできないため、社員はこの会社にいる未来に魅力を感じることが難しくなります。

◎憧れの上司、尊敬できる上司の影響

また、ある調査では、職場に憧れの上司が３人以上いる場合の離職率は15％、１～２人いる場合の離職率は30％、１人もいない場合は離職率60％という結果が出ていました。

それほどに憧れの上司、尊敬できる上司の存在は離職に影響します。

10年以上同じ会社で働いて、その後、転職したＨさんに転職の理由を聞いた際、こんな話をしてくれました。

「昔は一緒に仕事をしていて面白い人がたくさんいて、憧れの上司と言えるような人も何人かいました。あのときは楽しかったし、会社の未来に希望が持てました。

でもその後、業績が悪くなると社長が急に保守的になって、新たな企画をやろうとしなくなったので、そういった人たちがこぞって辞めていきました。

自分はすぐ辞めようとは思わなかったんですが、最後の憧れの上司と言える人が辞

めたとき、『もうこの会社は終わった』と思いましたね。それで自分も辞めました。自分の部署じゃなくても社内に憧れの上司がいたら辞めなかったと思います」

第2章第3節で「部下は上司の姿に未来の自分を投影する」とお伝えしましたが、上司の姿は未来のイメージに大きく影響します。

部下は上司の働く姿を見て、「数年後、自分もああなるんだな」とイメージします。憧れの上司、尊敬できる上司の存在は、そのイメージの魅力を大きく高めます。

また、憧れの上司、尊敬できる上司がいることで「そういった上司と一緒に仕事をすることは楽しい」「そういった上司がいれば会社も成長しそうだ」といった魅力的な未来もイメージできます。

一方で、憧れの上司、尊敬できる上司が1人もいないと、この逆の心理が働きます。

そのため、部下に明るい未来を見せるうえでは、社内に憧れの上司、尊敬できる上司がいることが重要なのです。

◎憧れの上司とは、どういう上司なのか

では、どういった上司が憧れの上司となるのでしょうか。

この点、経営心理士講座で、「憧れの上司とは、どのような上司ですか」というテーマでディスカッションをしていただいたことがあります。

その際に出てきた意見の中で、主要なものは次のとおりです。

・ポジティブで前向き、明るい
・仕事ができる、リーダーシップがある
・公欲が強い、思いやりがある、優しい
・精神的に余裕がある、焦らない
・ユーモアがある、どんなときも笑いを忘れない
・自分の価値観で生きている、軸がぶれない
・プライベートも充実している

こういった上司が社内にいると、部下の未来の魅力は大きく高まります。

そのためにも、まずはご自身がそういった上司になることを目指していただければと思います。

もちろんこれは簡単なことではないかもしれません。でも、まずは目指そうという気持ちを持つことが大事です。その気持ちを持つか持たないかで、普段の働く姿に違いが生じます。

その違いは少しであったとしても、その姿を部下は見ているのです。そしてその姿が部下がイメージする未来に影響を与えるのです。

◎部下の大量離職を招いたビジョン

もう1つ未来の魅力に大きく影響するのが、ビジョンです。

このビジョンを示すうえでは注意しなければならないことがあります。

それは上司にとって魅力的なビジョンが、必ずしも部下にとっても魅力的であるとは限らないということです。

その点に留意しないと、ビジョンは負の力を持つことがあります。

システム関連の会社を経営するE氏は赤字が長く続き、社員の士気が停滞している状況を何とかしたいと経営計画発表会を開き、入念に作り上げた今後10年のビジョンを示しました。ところがそのビジョンの発表後、若手を中心に複数の社員が辞めていきました。

驚いたE氏はこのビジョンのどこに問題があったのかと、私に相談に来られました。

そのビジョンについてお話しいただいたところ、たしかにそのビジョンは実現性の高い、優れた内容でした。しかし、社員の離職につながる決定的な問題がありました。そのビジョンは10年かけて赤字を黒字化するためのコストカットを中心とした再建計画であり、黒字化して銀行の信頼を取り戻すことを目標としていました。

そのビジョンは社長には魅力的であっても、社員からすれば、「コストカット優先では成長につながるような新たな経験はさせてもらえそうにないな」「この会社にいても今後10年は面白いことはなさそうだな」と感じたでしょう。

それが複数の社員の離職につながったと考えられます。

経営者と社員、上司と部下では見えている世界が違います。そのため、どういったビジョンに魅力を感じるのかも違います。その点に留意して、部下にとっての魅力的な未来を会社の成長とリンクする形でビジョンとして示すことが求められます。

◎ビジョンには「ワクワク感」と「安心感」が必要

では、どういったビジョンが部下にとって魅力的なのでしょうか。

ビジョンには、まず「この会社にいるとさらなる成長の機会が得られそうだ」「面白い経験ができそうだ」といった「ワクワク感」が求められます。

そのため、ビジョンの中で、今後どのような成長の機会や新たな経験の機会を提供できるのかについて示すことが重要です。

また、今は時代の変化が速く、未来に不安を感じる人が多いです。特にＩＴ化、ＡＩ化、デジタル化のスピードは速く、この技術の進化によって仕事がなくなるのではないかと懸念される業界では、未来への不安を原因とする離職が多い傾向にあります。

こういった離職を防ぐうえでは、時代の変化にどう対応するかを具体的にビジョンとして示し、「安心感」を得てもらうことが必要です。

時代の変化への対応の例としては、時代の流れに合った新商品の開発、新たな営業・集客手法の導入、先進的な動きをしている会社との提携などが挙げられます。

そのため、部下に魅力的な未来をイメージしてもらうためには、「ワクワク感」と「安心感」の両方を満たすビジョンを示すことです。先ほどのE氏のビジョンは、安心感のみを満たすものであり、ワクワク感がなかったため、大量離職を招きました。

また、社員からすれば、ビジョンが自分にどう影響するのかが具体的にわかるほうが、より強くビジョンを意識します。

そのためビジョンは会社全体のものだけでなく、部署単位、チーム単位など実務に直結する単位でのビジョンを、会社全体のビジョンと紐づけて示せるとベターです。

ここまで「この会社で働く未来に不安を感じた」という離職理由にどう対処するかについてお伝えしてきました。

未来のイメージは離職の動機に大きく影響します。そのため、ここでお伝えした内容を参考に「未来の管理」を行っていただければと思います。

4　「仕事が面白くない」と感じる5つの要素

次に、「仕事が面白くなかった、やりがいを感じられなかった」という離職理由への対処についてお伝えします。

この離職理由については「仕事の内容を変えることはできないから、どうしようもない」と諦める方も多いですが、私は十分対応可能な離職理由だと思っています。

◎「仕事が面白くない」と感じるときとは

経営心理士講座では「仕事が面白くないと感じるときとは、どのようなときですか」というテーマでディスカッションをしていただき、受講生の方の意見を集計していますが、その中でもとりわけ多いご意見が次の内容です。

1：仕事内容が単調で変化がない

２：感謝や承認、ねぎらいなどのフィードバックがない
３：目標やテーマがない、やりがいを感じられない
４：仕事についていけない、仕事が進捗しない
５：仕事の裁量権がなく、やりたいようにやれない

また、心理学者Ｊ・リチャード・ハックマンと経営学者グレッグ・Ｒ・オルダムは、人のモチベーションに影響する仕事の特性を「職務特性モデル」として提唱しました。この職務特性モデルでは、次の５つの要素がモチベーションを高めるためには重要だとされています。

・技能多様性：複数のスキルが求められる
・フィードバック：手応えを感じる、承認の言葉がある
・タスク重要性：仕事に意義ややりがいを感じる
・タスク完結性：始めから終わりまで一貫して携われる
・自律性：自分の裁量で仕事を進められる

経営心理士講座のディスカッション結果と職務特性モデルの各要素を見比べていただくと、その内容が非常に似通っていることがわかります。この内容から「仕事の面白さに関する心理」が見えてきます。

特筆すべきは、仕事が面白くないと感じる原因は、仕事の内容だけではないということです。そして、上司がそれぞれの要素に対応することで、仕事が面白いと感じてもらえる可能性は十分あるということです。

そこでこの5つの要素にどう対応するかについて、お伝えします。

5 任せる仕事にビジョンと役割を伴わせる

まず、「2：感謝や承認、ねぎらいなどのフィードバックがない」への対応については、第3章第7節をご参照ください。

次に、「3：目標やテーマがない、やりがいを感じられない」への対応についてお話しします。

◎仕事の任せ方で興味ややりがいは変わる

部下がその仕事にやりがいや興味を感じるかは、上司の仕事の任せ方によって大きく変わります。

この点で、私がコンサルティングや経営心理士講座でお伝えするのが、「任せる仕事にビジョンと役割を伴わせる」ということです。

「今後、うちの会社は5年で事業規模を2倍にしようと考えている。そのために、営業部門の人員をさらに増やし、育成・管理の体制を整えていこうとしている。

そこで君には、いずれ営業部門の若手のリーダーとして入社3年目までの社員の育成役を担ってもらいたいと思っている。そのために今のうちから部下の育成の経験を積んでおいてほしいので、今回新人3人のメンターを担当してもらいたい」

このように、会社のビジョンと個人の役割に基づいて、なぜその仕事を担当してもらいたいのか、すでに担当してもらっている仕事であれば、なぜその仕事を担当してもらっているのかについての理由を説明します。

こういう説明がある場合と、「とりあえずこの仕事も君がやってくれ」とだけ言われる場合とでは、その仕事に対するやりがいや興味は大きく異なるでしょう。

ただし、こちらから伝える個人の役割が本人の希望と異なる場合は逆効果となるため、その点はあらかじめ本人の意向を把握しておく必要があります。

また、プレッシャーに弱く、責任を嫌う人もいます。そういった人には役割を伝える際、責任を感じさせすぎないように留意してください。

経営心理士講座の受講生の中でも、この方法で部下のモチベーションを高めている方は数多くいらっしゃいます。

あるＩＴ事業の経営者の方は定期面談の際に、今やっている仕事について、その仕事を任せている理由を会社のビジョンと個人の役割に基づいて説明しました。

すると部下は真剣な表情で話を聞いてくれ、その後、仕事に対する積極性がずいぶん高くなったとのことです。

さらに会社の成長に向けた意見も提案してくれるようになり、指示したこと以上の仕事まで率先してやってくれるようになった部下もいるとのことです。

その経営者の方はこう話されます。

「面談のときの部下の反応が全然違いました。ある部下からは『そんなふうに期待してくれているとは知りませんでした。その期待を伝えてくれたのが嬉しいです』と言われました。ビジョンと役割を説明したうえで仕事を任せることの大切さを痛感しました」

◎「上司としての成長」にもつながる

一方で、その経営者の方は、こんなことも話してくれました。

「ビジョンと役割を伝えるには、部下1人ひとりのキャリアを具体的に考えなければいけないので、会社の成長と部下の成長をリンクして考えるようになりました。

正直今までは自分が稼ぎたい、会社を大きくしたいという気持ちで経営してきましたが、今は部下を成長させたいという気持ちが強くなっています。今まで以上に責任感を感じ、自分のモチベーションも上がってます」

このように、上司が「部下にどのように成長の機会を提供するか、それを会社の成長とどうリンクさせるか」を考えて仕事をすることは、上司としての成長を大きく後押しします。また、会社としてもそういった経営をすることは、中長期的な安定をもたらします。

それは、ただ目の前の売上を追いかけるだけの経営とは一線を画すものとなります。

6 成長の機会を提供する成長目標の設定

任せる仕事にビジョンと役割を伴わせる際は、具体的な目標にまで落とし込みます。例えば、売上目標、利益目標を設定し、その数字は部下が成長することによって達成できる内容とします。

◎成長目標を定め、部下の成長を後押しする

ここで私がおすすめしているのが、部下に具体的にどのように成長してもらいたい

かを示す「成長目標」を設定することです。

成長目標はその目標を達成するための具体的な行動についてまで定めると、達成率が上がります。例えば次のようなイメージです。

・営業部長のK氏

【成長目標】営業部の年間目標を達成するための指導力を身に付ける。営業部の年間離職者をゼロにする。

【具体的行動】毎週、部下の目標の進捗状況を確認し、話を聞き、目標達成に向けて必要な支援を行う。部下を感情的に叱らない。部下の良い点や成長した点については褒める。

・マーケティング部のU氏

【成長目標】50万円のコストでセミナーに月30名以上集客できる集客力を付ける。

【具体的行動】クリエイティブデザインとコピーライティングに関するセミナーに参加し、得た情報を基にクリエイティブのＰＤＣＡを回す。会社の公式ＳＮＳを立ち上げ、１日２回投稿する。

・事務職のT氏

【成長目標】今年中に経理の入力と営業資料の作成を1人でできるようになる。

【具体的行動】簿記3級の勉強を進め、基本的な仕訳をきれるようにする。営業マンの営業に同行し、提案の状況を理解したうえで営業資料の作成に着手する。

こういった形で部下の成長目標を設定することは、売上目標、利益目標の達成に向けた具体的な行動指針になるとともに、部下の成長を後押しすることで将来の売上や利益を押し上げる効果があります。

そして、それは部下の成長欲求を満たすことにもつながります。

◎プレイヤー目標とマネージャー目標

成長目標の設定で重要なのが、営業や資料作成などのプレイヤー業務に関する「プレイヤー目標」と、部下の育成やモチベーション向上、チームの進捗管理などのマネージャー業務に関する「マネージャー目標」の2つに分けて考えることです。

部下に新たな成長の機会を提供するうえでも「プレイヤーとしての成長」と「マネ

ージャーとしての成長」に分けて考えると、提供できる成長の機会の幅が広がります。

これは仕事が面白くない要素の「１：仕事内容が単調で変化がない」に対応することにもなります。

プレイヤー業務は単調で変化がなくても、マネージャー業務は部下に知識を教える、部下のモチベーションを上げる、チームの進捗を管理するなど多岐にわたります。

そのため、マネージャー目標を設定することで１に対応することができます。

また、部下がマネージャーとして成長すると、その下の部下のケアも責任を持って取り組むようになるので、こちらの離職率も下がります。

つまり、部下にマネージャーとしての成長の機会を提供することは、部下とその下の部下の両方の離職率を下げる、非常に意義の高い取り組みとなるのです。

◎仕事内容は面白いとはいえないが、離職率を下げたい

ある会社の製造部では部長の下に22名の部下がいて、仕事のマンネリ化が原因で部下が辞めることが悩みの種でした。

「ほとんどの部下は『仕事が面白くない』という理由で辞めていくんです。そりゃ同じ仕様の製造を繰り返す仕事ですから、面白い仕事とは言えないと思いますよ。でもこれ以上辞められると現場が回らなくなるので、どうにかならないですかね」

仕事の内容は面白いとはいえないが、離職率を下げたい。これも多いご相談です。こういったご相談を受けた際は、先の1～3への対応を行います。

まず、「1：仕事内容が単調で変化がない」への対応として、22名を5班に分け、班ごとに班長を任命しました。

そして、班長には「部下に楽しく働いてもらう」「部下の成長を促進する」というマネージャー目標を持たせ、その点について意識してもらうようにしました。

その結果、班長のメンバーは、部下に対する関わり方が変わり、仕事ぶりも積極的になりました。さらにマネージャー目標に関する提案をしてくれるようになりました。

次に「2：感謝や承認、ねぎらいなどのフィードバックがない」への対応として、業務が終わった後は工場長や班長が「お疲れさま！　今日もご苦労さんでした」と元気よく声をかけ、できればプラスアルファで一言、ねぎらいの言葉をかけたり、ちょっとした雑談をしたりするようにしてもらいました。

このプラスアルファの一言や雑談が苦手な人もいます。そういった人のために、プラスアルファの一言や雑談のネタで部下の反応が良かったものを、工場長や班長同士でシェアしてもらう機会を設けます。他の人のうまくいった事例を聞くことで、そういった関わりが苦手な人も徐々にできるようになっていきます。

そして「3：目標やテーマがない、やりがいを感じられない」への対応として、少し難易度の高い1日の製造目標、1週間の製造目標、1カ月の製造目標、年間の製造目標を立て、その目標をどう達成するかについて、定期的に話し合いの機会を設け、気づいたことや業務改善の意見を言ってもらい、優れた意見は褒めて採用するようにしました。

その結果、1日の製造目標や1週間の製造目標を達成できる日や週が増えていきました。

目標を達成したときは工場長がそれをメンバーに伝え、達成を褒めました。それにより現場のモチベーションも上がり、現場に活気が出てきました。

こうなると「仕事が面白くない」という人はだんだんといなくなります。

その結果、年間で5名前後の離職者が出ていたところ、1名まで減らすことができました。

こういった関わりを通じて、仕事が面白いと感じてもらえるようになり、離職者を減らせた事例は他にもあります。

ただ、部下を抱えることや、班長などのマネージャーとしての責任を負うことに強いストレスを感じる人もいます。こういった人を無理にマネージャーにすると、それが離職の引き金となりかねません。

そのため、マネージャーとなることについて、本人の意向をよく確認する必要がある点には留意してください。

7 部下の成熟度に応じた４つの関わり方

次に、「４：仕事についていけない、仕事が進捗しない」「５：仕事の裁量権がなく、やりたいようにやれない」に対する対応について、お話しします。

◎ＳＬ理論に基づく関わりとは

この対応にあたっては、行動科学者のポール・ハーシーと組織心理学者のケネス・ブランチャードが提唱したＳＬ理論に基づく対応が非常に効果的です。

ＳＬ理論とは、Situational Leadership 理論の略で、部下の成熟度を４つに分け、それぞれの成熟度に応じた関わり方を示しています。その関わり方は次のとおりです。

・部下の成熟度が低い：教示的リーダーシップ→細かく指示し、手厚く指導する
・部下の成熟度が中程度：説得的リーダーシップ→こちらの考えを説明し、疑問に応

える程度の関わりにする

・部下の成熟度が高い：参加的リーダーシップ→より良い方法や今後の方針を一緒に考えさせ、部分的にマネジメントに参加させる

・自立できている：委任的リーダーシップ→業務の裁量権を与え、極力口を挟まない

◎仕事ができる上司は成熟度が低い部下への対応に注意

先の「4：仕事についていけない、仕事が進捗しない」に関しては、部下の成熟度が低い状態なのに、上司が教示的リーダーシップをとれていないことが原因となっていることがあります。これは特に仕事ができる上司ほど要注意です。

仕事ができる上司は、自分が指示を受ける立場であれば手取り足取り教えられなくてもわかるため、その感覚を部下にも当てはめ、「いちいち細かく教えなくてもわかるよね」と十分な指導をしないことがあります。

その結果、部下は必要な指導を受けられず、仕事についていけない、仕事が進まないという状況に陥り、「仕事が面白くない」と感じます。そしてその状況に耐えられ

なくなると離職します。

「名選手、名監督にあらず」という言葉がありますが、その原因はこういったところにあるわけです。

そのため、仕事ができる上司ほど、自分の感覚と部下の感覚は違うことを自覚したほうが良いでしょう。そして、自分の感覚を部下に当てはめるのではなく、部下の状況に合わせた指導が必要であることを強く意識することが大切です。

仕事ができる人の弱点は、仕事ができない人の感覚や気持ちがわからないことです。その点を理解するよう努力することは、仕事ができる人が上司として成長するうえで極めて重要な気付きをもたらします。

◎普通の人の感覚がわからない優秀すぎる社長

ＩＴ業を営むＮ氏から思うように売上を伸ばせないと相談を受けたときの話です。その内容は、社員が離職して定着しないので新規の仕事が受けられず、売上を伸ばせないとのこと。社員が定着しない理由を聞くと、こう話されました。

「仕事ができない社員を採用してしまうことが多くて、仕事を任せてもついてこれないんです。それで嫌になっちゃうんでしょうね」

この話を聞いてN氏の側に問題がありそうだと思い、社員たちにヒアリングする機会をいただいたところ、やはりこういった話が聞かれました。


「社長は頭の回転も速いし、デキる人なんですが、無茶ぶりがひどいです」

「どんどん仕事をとってくるんですが、詳細な説明はないまま丸投げですね。その辺の指示が雑なので、仕事が進めづらくて困ってます」

「社長はほぼ会社にいないので聞きたいことも聞けず、お客様に探り探り聞いて何とか仕事をこなしてます。やったことない仕事も平気でとってくるので怖いですよ」


まさに「名選手、名監督にあらず」でした。

N氏は仕事の進め方はいちいち教えなくてもわかるだろうと思い、SL理論でいえば成熟度の低い部下に委任的リーダーシップをとって丸投げしていたわけです。

しかし、N氏ほど優秀ではない部下はそれでは仕事が進められず、仕事についていいけなくなり、離職していました。

そしてＮ氏はその状況に気づかず、人が定着しない原因を「仕事ができない部下を採用したから」と話していたのです。そこでＮ氏にこうお伝えしました。

「部下が仕事ができないのではなく、あなたができすぎるんです。できすぎるから普通の人の感覚がわからないまま仕事を任せて、部下がついてこれずに辞めてるんです。なので、しばらく営業は禁止です。部下がどういう感覚で仕事をしているかをよく理解して、じっくり部下を育てて、マニュアルも整備しましょう。それができれば新たに採用した人は今いる部下が育ててくれますから。

そうやって組織は成長していくんです。それで組織が成長した分だけ仕事も増やせて、売上を伸ばしていけるようになるんです」

その後、Ｎ氏はしばらく部下の育成とマニュアルなどの整備、組織体制作りに専念しました。それによって部下が仕事を進めやすくなり、離職者が出なくなり、部下が定着し、組織として成長できた結果、今は堅調に売上を伸ばしておられます。

「藤田さんがよく言ってた『組織が成長した分だけ売上は増える』って言葉がめちゃめちゃ頭に残ってます。当時は営業のことばかり考えてたから、人を育てるとか組織作りとか、ほんと面倒くさかったですね。それくらい自分たちでどうにかしろよって。でも今は本当にその大事さがわかります。営業マンから経営者になれた気がします」

N氏はそう話してくれました。

営業やマーケティング、業務提携といった「攻め」は大好き。でも部下の育成や組織作りといった「守り」は嫌い。経営者はそういう方が多いです。その結果、攻めっぱなしで守りが疎かになり、人が育たず、定着せず、事業が拡大しない。これは経営者が陥る典型的な失敗パターンです。

この章の冒頭で、仕事を通じて成長欲求を満たしたいというニーズについては、「より多くの経験を積んでもっと仕事ができるようになりたい、スキルアップしたい、望むキャリアを築きたい」という人もいれば、「仕事は給料のためにやっているだけだから、最低限のことだけやってさっさと帰りたい」という人もいるとお伝えしました。

この点、後者の人であっても、成熟度に合わせた関わりを行い、成長を実感してもらうことで、より意欲的に仕事に取り組むようになった例は数多くあります。

◎成熟度が高い部下には裁量を与えて口を挟まない

一方、「５：仕事の裁量権がなく、やりたいようにやれない」については、成熟度が高い部下に対して十分な裁量を与えず、部下のやり方に逐一口を挟むといった関わりが原因となっています。

ＨＰ制作会社から転職したＹ氏に前職の離職理由を聞くと、まさにこの理由でした。

「もともと即戦力採用という形で入社したんです。それで社長が営業して、自分が社長のとってきたＨＰ制作の仕事をやっていました。

でも社長が異常にこだわりが強い人で、ことあるごとに細かいところまで口を出してくるんです。それで結局、社長に言われたことを言われたとおりにやるだけの仕事の仕方だったので、面白くなかったです。

あと、言われたとおりにやるだけの仕事の仕方をしていると、自分の頭で考える力がどんどん落ちてるなって感じたんです。なので辞めました」

十分力量がある人が望むこと、それは「自由にやらせてほしい」ということです。

しかし、こだわりの強い上司は力量のある部下に対しても教示的リーダーシップをとって、逐一口を挟もうとします。それが部下の自由を奪い、自分の頭で考える力を衰えさせ、モチベーションを下げるのです。

そのため、そういう部下には少々のことは目をつぶり、裁量権を与えて自由にやらせてあげることが重要です。

もちろん、どうしてもこれは譲れないというところはしっかりと手綱を引きます。

また、自由にやらせて放置というわけでもなく、折を見て状況を確認し、相談に乗る機会を設けることも必要です。「温かく見守りながら自由にやらせる」というイメージで関わっていただければと思います。

◎「仕事が面白い」と感じるときとは

ここまで成長欲求に関係する離職理由の「仕事が面白くなかった、やりがいを感じられなかった」に対する対応についてお伝えしてきました。

仕事が面白いとはどういうことなのか。

これまでご自身が「仕事が面白い」と感じたときのことを振り返りながら、このテーマについて考えてみてください。

それは仕事の内容だけで決まるものではないことに気づけると思います。

それに気づけたら、部下が「仕事が面白い」と感じられる状況を作るために上司として何をやるべきかを考え、それに取り組んでいただければと思います。

8　上司に感じる恩と絆が離職を思い止まらせる

最後に、成長欲求に関係する離職理由の「新たな挑戦をしたかった、自分の可能性を試したかった」に対する対応についてお話しします。

この離職理由に対応するには、部下が挑戦したいこと、可能性を試したいことができる機会を提供することが必要です。しかし、それができなければ離職を防ぐのは難しくなります。

◎部下の成長を我がことのように喜ぶ上司

それでも離職を防ぐことができている事例もあります。

その事例に見られるのが、部下が上司に恩と絆を感じていることです。

ある会社で定年まで勤め上げた方が、本当は独立するつもりだったが、結局会社を辞められなかったと話してくださいました。その理由を聞くとこう話されました。

「私は上司に本当に世話になりましてね。彼は私が1つの仕事をやり終えると必ず、私に声をかけてくるんです。『今回はどうだった？ 大変だったか？』って。

それでその仕事の話をすると、嬉しそうに『そうか、そうか』って一生懸命に聞いてくれるんです。そして『今回もお疲れさん、よく頑張ったな』って言って、私の成長を我がことのように喜んでくれるんです。

それが嬉しくてね。それでまたこういう報告をしたいと思って、次の仕事も頑張ってしまうんです。

その上司が定年退職したとき、今度は自分が部下の話を聞いてあげようと思いましてね。そしたら定年まで働いてました。あんな上司がいたら辞められないですよ」

この方の上司は部下の成長を我がことのように喜び、話を聞いておられたわけです。そして、その上司に恩と絆を感じ、それが独立を思い止まらせたわけです。

◎部下の成長を喜ぶことの重要性

「部下の成長を我がことのように喜ぶ」というこの上司の関わりは、成長欲求を満たすうえでも非常に重要なことです。

成長欲求に関係する離職を防ぐための対応は、成長の機会を提供すること、成長を後押しすることが主な対応となります。

その対応が功を奏するかどうかは、上司が部下の成長を喜べているか、そしてその動機は何かということに大きく影響を受けます。

部下の立場でイメージしてみてください。

上司が自分の成長を喜んでくれる場合と自分の成長に無関心な場合。

両者では、成長に対する意欲や仕事に対するモチベーション、この会社でずっと働きたいと思う気持ちに大きな差が生じるのではないでしょうか。

そのため、上司が部下の成長を喜んでいるかどうかで、部下のモチベーションや離職率は変わります。

◎部下の成長を喜ぶ動機は、私欲か公欲か

また、部下の成長を喜ぶ動機も重要です。

「部下が育って自分の仕事を任せられれば自分が楽になる」「部下が育ち、チームの生産性が上がると自分の評価が上がる」といった私欲から喜ぶのか。

「部下の成長が純粋に嬉しい」「部下が成長して喜んでくれるのが嬉しい」といった公欲から喜ぶのか。

ご自身の部下の成長を喜ぶ動機について考えてみてください。

そこに公欲に基づく動機がまったくないのであれば、それは要注意です。

部下の立場で考えていただくと、私欲の動機のみから自分の成長を喜ぶ上司がいたら、その上司を見てどう思うでしょうか。きっと切なくなるでしょう。

そして、その動機は上司の言葉の端々や態度などから部下に伝わるものです。

これは上司としての成長を考えるうえでも非常に重要な要素です。

◎社員の成長を心から喜ぶ社長

私のクライアントに、業績を順調に伸ばし続けている社長がいます。

この方は売上目標や利益目標の話のときはそれほど気分は高揚しないのですが、社員の成長目標の話になると顔がぱっと明るくなり、とても楽しげに話し始めます。

「彼には今度はこういう経験をさせてあげたいんだ。だから来期はこの役割を担ってほしいと思っている」

「彼女は簿記に興味があると言ってたから、うちの福利厚生を使って簿記の教材費を補助してあげたいんだ」
「この分野の仕事も経験できると、社員はさらに今の仕事が面白くなると思うんだ。だからこの分野の仕事を何とか受注したい」

こういった話を、目をキラキラさせながらお話しされます。また、各社員の現在の状況や望むキャリアについてよく把握しておられます。それは社員の成長に強い関心があることの表れであり、社員の成長そのものを喜んでおられます。

社長がこんなふうに社員の成長を支援し、成長を喜んでくれたら、社員もさらに成長しようと頑張りたくなり、そしてこの社長について行こうと思うでしょう。
ここに業績好調の理由があると感じました。

部下の成長そのものを喜ぶ上司がいて、上司に喜んでもらえるから部下ももっと成長しようと意欲的に仕事に取り組み、それが会社に優れた業績をもたらす。こういう状況を作れる上司は、会社に繁栄をもたらします。

もし皆さんの周りに自分の成長を心から喜んでくれる上司がいたら、きっと簡単にはその会社を離れようとはしないでしょう。

◎人の喜びを我が喜びとし、人の悲しみを我が悲しみとする

これまでさまざまな経営者やビジネスマンを見てきましたが、長期的に成功している人の多くは、人の喜びを我が喜びとし、人の悲しみを我が悲しみとしています。

人は感情が強く動いたとき、その感情を深く共有してくれた人に恩と絆を感じます。

部下やお客様の喜びを我がことのように喜び、部下やお客様の悲しみを我がことのように悲しむ。そういう人からは、部下も顧客も離れません。それがビジネスの基盤となり、長期的な成功につながっていくのです。

自分の成長を我がことのように喜んでくれる上司がいる。

このことは部下の成長を後押しします。

そして、その関わりによって生まれた恩と絆が部下に離職を思い止まらせます。

部下の成長を喜べているか、喜ぶ動機に公欲の要素はあるか、よく振り返ってみてください。

その振り返りは、上司として成長するうえでも大切なことに気づかせてくれます。

【第4章　まとめ】

●成長欲求とは、能力を伸ばしたい、苦手を克服したい、創造的・生産的でありたい、自分の可能性を伸ばしたい、可能性を追求したいという欲求。

●仕事を通じて成長欲求を満たしたいというニーズの強さは、人によって異なるため、各人のニーズを把握することが重要。

●仕事内容に納得してもらうために、次の対応を行う。

①身に付けたい経験・スキルを把握する

②①が身に付く仕事を任せ、実力の向上をフィードバックする

③（すぐに②が難しい場合）将来的に①につながる仕事を任せると説明する

④（②③が難しい場合）①を希望する目的を把握し、担当する仕事の価値を説明する

●現状に満足していても未来に絶望すると部下は離職する。

●未来に魅力を感じてもらうためには、次の点が重要。

①評価基準やキャリアパスを明確に示す

②憧れの上司、尊敬できる上司を育てる

③「ワクワク感」と「安心感」を満たすビジョンを示す

④時代の流れに合った事業展開をし、好業績を残す

●部下は次のときに仕事が面白くないと感じる。

1：仕事内容が単調で変化がない

2：感謝や承認、ねぎらいなどのフィードバックがない

3：目標やテーマがない、やりがいを感じられない

4：仕事についていけない、仕事が進捗しない

5：仕事の裁量権がなく、やりたいようにやれない

●仕事を任せる際には、ビジョンと役割を伴わせる。

●部下にどのように成長してもらいたいかを示す成長目標を設定する。

●成長目標は、プレイヤー目標とマネージャー目標の2つに分けて考える。
●ＳＬ理論に基づき、部下の成熟度に応じた関わりを行う。
●部下の成長を公欲から喜ぶ。そういう上司に部下は恩と絆を感じる。その恩と絆が離職を思い止まらせる。

第5章　公欲——やりがいを持たせ離職を防ぐ

1 人に喜んでもらいたいという本能的欲求

次に、公欲が満たされないことによる離職と対応についてお伝えします。

公欲とは、人に喜んでもらいたい、人や社会の役に立ちたいという欲求です。

ビジネスにおいてはお客様や上司、部下から「ありがとう（ございます）」と感謝されたり、自社の商品・サービスが多くの人を幸せにし、社会の役に立てていることが実感できたりすると公欲は満たされます。

そして公欲が満たされると、仕事にやりがいや意義、誇りを感じます。

第1章で私が列挙した離職理由のうち、公欲に関するものは次のとおりです。

・仕事が面白くなかった、やりがいを感じられなかった（成長欲求、公欲）
・人や社会の役に立っている実感を得たかった（公欲）

また、厚生労働省が発表している離職理由のうち、公欲に関するものは次のとおりです。

・仕事の内容に興味を持てなかった（成長欲求、公欲）

本章では、これらを原因とする離職の心理と対応についてお伝えします。

◎人に喜んでもらうのは、自分のためでもある

皆さんはどういうときに仕事にやりがいを感じるでしょうか。

その答えは人それぞれだと思いますが、お客様や上司、部下など、誰かに喜んでもらえたときにやりがいを感じるという方も多いのではないでしょうか。

やりがいの心理は経営心理士講座の中でも重要な論点であり、これまでヒアリングやアンケートを通じて「どのようなときに仕事にやりがいを感じますか」という質問をしてきました。

その結果、多くの方が「お客様に喜んでもらえたとき」「上司や部下に喜んでもらえたとき」と答えています。

これらの結果を見てわかるのは、誰かの役に立って喜んでもらうことは、仕事にやりがいを感じるうえでの重要な要素だということです。それにより公欲が満たされると仕事に対するモチベーションが上がります。

そのため、人に喜んでもらうことは相手のためであり、自分のためでもあるのです。

◎公欲が満たされないことが離職理由になる

実際、離職に関するコンサルティングをする中で、「仕事にやりがいを感じない」という理由で離職する人には、お客様や上司、部下など、人に喜んでもらう経験をあまりしていないという傾向が見られました。

そのため、仕事を通じて公欲が満たされないことは離職の要因となります。

金融関連の会社の営業マンとして勤務するM氏は、前職はメーカーで営業の仕事をしていました。

ただ、前職の営業は同じ営業先を回るルート営業で、毎年一定の注文が入り、自分は挨拶に回るだけ。自分がいてもいなくても売上は変わらない状況でした。

そしてもう1つの仕事がクレーム対応。むしろこちらがメイン業務でした。

そのため、お客様から感謝されることはなく、クレームばかりを聞かされる。そんな仕事にやりがいを見出せず、５年ほど勤務した後、その会社を辞めました。

「前の会社は、給料は良かったし、上司も優しかったので世間的にはいい会社だったと思います。でもお客様からクレームはもらっても感謝されることがなかったので、感謝される仕事がしたいと思ってました。

それで友人と居酒屋で飲んでたとき、他のお客さんが帰り際に店員さんに『ありがとね！　美味しかったよ！』って笑顔で声をかけたんです。店員さんも嬉しそうに『ありがとうございました！　またお願いします！』って言ってて、お客さんから感謝されてるのが羨ましいなぁと思ったんです。自分も人から感謝される仕事したいなぁって。そのとき、会社辞めようと思いました」

M氏のように、給料が良くても上司に不満がなくても、お客様から感謝される仕事がしたいという理由で離職するケースは少なくありません。

そしてそれは歳を重ねるほどに、人生の意義というテーマを帯びるようになります。

経営心理士講座で「死の間際に人生を振り返ったとき、意義を感じる人生とはどういった人生か」というアンケートをとっています。この中で多い答えが「人や社会の役に立てた人生」という答えです。

また、50代の方に特徴的な転職理由があります。それが「引退前に社会の役に立つ仕事がしたい」というものです。

こういったことから、仕事を通じて公欲を満たすことの意義の大きさがわかります。

ただ、真っ当な仕事であれば何らかの形で社会の役に立っています。しかし、「社会の役に立つ仕事がしたい」と思って離職する。それはなぜでしょうか。

それは社会の役に立っている「実感」が得られていないからです。実際は社会の役に立っていても、その実感が得られないと公欲が満たされず、離職の原因となるのです。

◎お客様の喜びの声を伝える

では、部下の公欲を満たし、離職を思い止まらせるには、具体的にどうすればよいのでしょうか？

その方法の１つに、お客様の喜びの声を伝えるという方法があります。

接客担当者や営業マンがお客様から喜びの報告やお礼をいただいたり、アンケートにお客様の喜びの声が書いてあったりした際に、その内容を社内でシェアするのです。

会計事務所の代表をしているＹ氏は、お客様からの喜びの声を全体会議の際に職員に紹介し、その内容を踏まえて職員の日頃の努力に感謝を伝えています。これは職員のモチベーションを高めるうえで大きな効果が出ていると喜んでくださっています。

「先日お会いしたお客様から、『御社の職員さんがこういったことまで教えてくれて助かりました。本当にありがとうございました！』というお声をいただきました。

こういった声がいただけるのも、皆さんがお客様に喜んでいただくために、プラスアルファのことをしようという意識を持ってくれているからだと思います。

そういうことができている事務所は多くはないし、それだけの仕事を皆さんはやっているんです。そこは自信を持ってください。そして、これからもその意識で仕事に取り組んでいただければと思います」

このように職員に伝えると、みんな真剣に話を聞いてくれて、日々の仕事の取り組み方もずいぶん積極的になったとのことでした。

経営心理士講座の受講生である経営者のK氏は、こんな話をしてくれました。

「打ち上げの乾杯の挨拶のときにお客様の喜びの声とあわせて社員に感謝を伝えたら、みんなすごく喜んでくれたんです。それ以来、定期的にこういう話をするようにしています。そしたら、ある社員がこんな報告をしてくれました。
『先日、息子からお父さんってどんな仕事をしているの？　と聞かれたんです。それでいつも社長が話してるお客様の喜びの声とあわせて仕事の話をしたら、息子が〝お父さんかっこいい！　すごい仕事をしてるね！〟って言ってくれたんです。社長、父親としてこんな嬉しいことがありますか！　自分はこの仕事に誇りが持てるようになりました』

この話は嬉しかったですね。社員がうちの仕事に誇りが持てるなんて言ってくれると、社長としてはぐっとくるものがありますね」

お客様に喜んでいただき、公欲が強く満たされると、仕事に誇りが持てるようになります。自分の仕事に誇りが持てる人生とそうではない人生とでは、人生の幸福度は大きく変わります。

そのため、お客様の喜びを実感してもらうための関わりは、部下の人生の幸福度にも影響する、非常に意義の高いものなのです。

2　何のために仕事をするのかを伝える意味

仕事に社会的意義を感じることができたときもまた公欲が満たされ、仕事にやりがいを感じます。

事業を大きくした経営者の多くはミッションやビジョンの重要性を説き、経営に関するセミナーや書籍ではミッション、ビジョンについて言及しています。また、昨今ではパーパスが大事とも言われます。

ミッションとは企業の使命や活動目的であり、ビジョンとはミッションを実現させた将来像のことをいいます。

また、パーパスとは社会における企業の存在意義を明確にするものをいいます。

なぜミッション、ビジョン、パーパスがここまで大事だと言われるのでしょうか。

その理由の1つが、社員の公欲を満たすことにあります。

◎同じ仕事でも目的が何かでやりがいや意義は変わる

人は同じことをやるにしても、その目的が何かによって、やりがいや意義がまるで変わります。

例えば、自分が勤める会社が「○○をすることで社会に貢献する」「○○を通じてお客様を笑顔にする」という事業目的を掲げている場合と、「社長が豪遊するために社長の個人財産を増やす」という事業目的を掲げている場合とでは、業務に対するやりがいや意義はまるで変わるでしょう。

前者の事業目的を意識して仕事をし、社会やお客様の役に立てている実感が得られると公欲が満たされ、仕事にやりがいや意義を感じると思います。一方、後者の事業目的を意識すると仕事に嫌悪感すら覚えるでしょう。

同じ仕事をするにも、どういった目的でやっているかで、ここまで仕事に対するやりがいや意義は変わります。そしてそれは離職率にも影響します。

海外の貧困問題の解決を事業目的として取り組む会社があります。そこの会社の経理部で働くO氏が、こんな話をされていました。

「前職でも経理だったので、今の会社に転職してからも仕事内容はほとんど同じです。でもやりがいは全然違いますね。

今の会社は社会貢献を事業目的としてやってるので、そういう活動を経理として支えることで社会貢献に関われていると思うと、仕事に誇りを感じます。前の会社ではそういう感覚はなかったです」

このO氏の話はミッション、ビジョン、パーパスの重要性を理解するうえで示唆に富むものです。
一般的な会社の場合、この会社のように社会課題の解決に取り組むことは難しいかもしれませんが、社会に貢献する、お客様を幸せにするというミッション、ビジョンやパーパスを定め、社内に周知し、共感を得ることができれば、仕事に強いやりがいや意義を感じてもらえるようになるのです。

◎実態とかけ離れたミッション、ビジョン、パーパスは逆効果

ただ、そういったミッション、ビジョン、パーパスを掲げたものの、実態としてはその内容とかけ離れたことをやっていると、逆に社員からの信頼を失いかねません。

前職で優れた営業成績を残していたH氏は、あるとき、会社が方針を変更したことに不信感を抱き、その会社を辞めました。その理由をこのように話されていました。

「前の会社は『お客様の笑顔のために』といった経営方針があって、お客様の状況に合った最適な商品を提案し、お客様から喜んでもらっていました。
ところが業績が悪くなりましてね。それからはお客様のためになる商品より、自社

が儲かる商品を売ってこいという圧力がかかるようになったんです。『お客様の笑顔のために』といった理念を掲げながら、『自社の利益のために』という営業をしてこいというわけですよ。あの方針転換は露骨でしたね。

全体会議の場でも、社長がその売り方をするようにと公言したんです。それに対してある営業マンが『そういう売り方はお客様から信頼を失いかねないので、成約率が下がるのではないか』と反論したんですが、社長が『そこを営業力でカバーするのが営業マンの仕事ですよね。違いますか？』と切り返して、何も言えなくなりましてね。その方針転換に納得いかない社員が辞めていきました。私もそのうちの１人です」

社会やお客様のためにというミッション、ビジョン、パーパスをただ掲げればいいわけではなく、実態としてもその内容に沿った経営をする必要があります。そうすることで、部下は仕事に社会的意義を感じることができ、それが公欲を満たします。

3 部下に感謝できない上司の特徴

公欲はお客様から喜んでいただいたときや仕事に社会的意義を感じたときにのみ満たされるわけではありません。社内の人に喜んでもらえたときも公欲は満たされます。

◎「上司からの感謝」は公欲を満たす

そのため、上司が部下に「ありがとう」と感謝を伝えることは、上司から「認められて嬉しい」という関係欲求を満たすと同時に、上司に「喜んでもらえて嬉しい」という公欲も満たすという、２つの意義を持つコミュニケーションとなります。

上司が思う以上に、部下は上司からの「ありがとう」の一言が嬉しいものであり、その一言で苦労が報われたり、仕事が楽しいと思えたりするものです。

ところが、離職のご相談があった製造業の会社で、マネージャーの方に部下に「ありがとう」を伝えることの大切さについてお話しすると、こんな質問をされました。

「やって当たり前のことしかしてない部下に感謝しないといけないんですか？」

皆さんはこの質問に何と答えるでしょうか。

この質問は、部下に感謝を伝えることを実践するうえで重要な意味を持ちます。

◎失う経験をしないと「ありがたさ」に気づけない

「そのもののありがたさは、失ってみて初めてわかる」という言葉があります。

健康のありがたさは健康なときにはわからないものですが、病気になるとそのありがたさは身に沁《し》みてわかります。普段は電気が使えてありがたいとは思わなくても、停電になると電気のありがたさを痛感します。

人はそれを失う経験をしないと、なかなかそのありがたさに気づけないものです。

不動産会社で働く友人のＫ氏が、このような話をしてくれました。

「前職のときの部長は恐ろしい人で、毎日のように怒鳴り声が飛んでくるので頻繁に部下が辞めていました。
ただ、辞めるにしても事前に言ってくれればいいんですが、そんな部長には部下も辞めると言えず、突然出社しなくなり、連絡もつかなくなることがよくありました。そうなるとその部下の仕事を全部自分がやることになり、しばらく深夜残業で徹夜のときもありました。

そういうことを何度か経験すると、『今日もし部下が出社しなかったら……』と毎朝心配してる自分がいるんですよね。それで部下が出社してくれると『今日も出社してくれた。ありがたい』とほっとするんです。転職した今でも部下が出社してくれるとありがたいし、やってくれる仕事のすべてがありがたいから、自然と『ありがとう』の言葉が出ます」

また、独立して3年ほどで数名の部下を抱えるようになった経営者のW氏の話です。
営業がうまくいき、当初の予想以上に顧客が増え、さらなる売上拡大に向けて営業に奔走する中、現場を取りまとめている部下からこう言われます。

「みんなもうパンパンで現場は回ってないって前から言ってますよね。なのにお構いなしで仕事とってくるじゃないですか。ちょっとは現場のことも考えてください！」

売上拡大しか頭になかったW氏はその言葉に苛立ち、「そこは現場でどうにかしろよ！　面倒くさいこと言ってくるな！」と言い返します。

すると部下は黙って現場に戻り、数日後、数名の部下とともに退職を申し出てきました。その後、残りの部下も退職を申し出て、部下全員がいなくなりました。

以降、顧客対応から雑務まですべてW氏が対応し、営業はストップ。顧客を5分の1まで減らし、売上は激減。睡眠時間を削り、体調を崩しながらも必死に業務をこなします。

その後、新たに人を採用し、何とか数名の部下を抱えるようになりますが、考え方はずいぶん変わったと言います。

「前は営業して売上を伸ばすのに夢中になってました。なので現場の苦労を考えることもなく、営業に明け暮れていました。

でもあの経験をして、社員が現場の仕事をやってくれるから自分は営業ができると気づいて、本当に反省しました。今は現場で働いてくれる部下に心から感謝してます」

◎部下を失う前に「部下のありがたさ」に気づく

ここで「やって当たり前のことしかしてない部下に感謝しないといけないんですか？」という先ほどの質問について、考えていただきたいと思います。

K氏もW氏も、部下が日々の業務をやってくれることが当たり前ではない状況を経験し、日々部下に感謝できるようになります。つまり「部下が当たり前のことしかしてない」と感じるかどうかは、上司の感覚の問題なのです。

もちろん部下が期待どおりの動きをせず、物足りなさを感じることもあると思います。先の質問はその不満の表れなのかもしれません。ただ、K氏やW氏と同じような経験をした場合、果たしてこういう質問をするでしょうか。

優秀な人は、そのものを失う前にそのもののありがたさに気づき、失わないように対応することができます。一方で、優秀ではない人は失うまでそのもののありがたさに気づけず、失った後にそのありがたさを痛感して後悔します。

部下を失ってから部下のありがたさに気づくのではなく、部下を失う前に部下のありがたさに気づける上司であってほしいと思います。

それは、人手不足の昨今の状況ではなおさらのことです。

部下がやってくれることを当たり前と思うと、感謝の気持ちを持てなくなります。「ありがとう」が言える上司になるためにも「当たり前」の感覚を見直してみてください。

すると感謝の気持ちが持てるようになります。

感謝の気持ちが持てたら、素直に言葉に出してみてください。

これも部下の離職を防ぐうえで重要な関わりとなります。

【第5章　まとめ】

●公欲とは、人に喜んでもらいたい、人や社会の役に立ちたいという欲求。
●お客様や社内の人に喜んでもらったり、仕事に社会的意義を感じたりして、公欲が満たされると、仕事にやりがいを感じる。
●お客様の喜びの声をシェアすることで、部下の公欲を満たすことができる。
●社会のためになるミッション、ビジョン、パーパスを掲げ、その内容に沿った経営をすることで、仕事に社会的意義を感じてもらいやすくなる。
●上司が部下に感謝を伝えることも公欲を満たすことになる。部下に感謝を伝えるためにも、部下がやってくれることを「当たり前」と思わない。

第6章　年代別、意欲・能力別の離職の要因と対応

1
年代と意欲・能力によって異なる離職の要因

これまで、会社に対するニーズが満たされなくなったときに離職の動機が生まれるため、部下のニーズを把握し、それに対応することが重要だとお伝えしてきました。

そのニーズは年代や仕事への意欲・能力の高さによって異なり、そこには一定の傾向があります。

そのため、経営心理士講座では、年代を20代の新人若手、30～40代の中間世代、50代以上の年長世代の3つに分け、それぞれの年代を意欲・能力の高さでさらに上位、中位、下位に分け、図表6－1の9つのカテゴリーに分類し、ネーミングし

図表６－１　年代別、意欲・能力別、部下の9タイプ

		意欲・能力の高さ		
		上位	中位	下位
年代	新人若手 20代	ホープ	ルーキー	問題児
年代	中間世代 30代、40代	エリート	現場牽引者	未開花者
年代	年長世代 50代以上	経営幹部	中間管理職	窓際社員

ています。

本章ではこのカテゴリーごとにニーズの傾向について説明し、それを踏まえて離職の要因と対応についてお伝えしていきます。

本章でご自身の部下に該当するカテゴリーについて確認していただき、その対応に関する詳細について、第２章から第５章の内容を振り返る形で実践につなげていただければと思います。

2　新人若手・上位【ホープ】の離職の要因と対応

新人若手・上位【ホープ】のカテゴリーの人は、向上心が高く、仕事に対する意欲も旺盛であり、仕事を通じて力をつけていきたいという20代の新人や若手です。

このカテゴリーの人は成長欲求が強いため、成長欲求が満たされないことによる離職が多い傾向にあります。

◎リアリティショックによる離職が多い

アメリカの組織心理学者E・C・ヒューズ氏によって提唱された「リアリティショック」という言葉があります。これは新入社員などが、入社前に仕事に対して抱いていた理想と入社後の現実とのギャップに戸惑う状態をいいます。

このカテゴリーの人は、今後の時代に必要な経験やスキルを身に付けたいというキャリア形成の意識が強く、明確なキャリア計画がある人もいます。そのため、キャリア形成に関するリアリティショックが離職の要因となりやすい傾向にあります。

また、現代は市場の変化が激しく、さまざまな変化に対応できるようにするため、幅広い経験を積んでおきたいと考える人もいます。

例えば、営業であれば個人営業だけでなく法人営業も経験したい、1つの商材だけでなく複数の商材の営業を経験したい、などです。

そのため、この会社では欲しい経験やスキルが得られないと思うと離職を考えます。

このカテゴリーの人はどこの企業も喉から手が出るほど欲しい人材であり、行動力もあるため、すぐに転職先も見つかることから、離職を考え始めてから離職するまでの時間が短い傾向にあります。

◎キャリアの希望をよく聞き、可能な限り対応する

そうならないように、どういう経験やスキルを身に付けたいのかをよく聞き、それにまつわる仕事に優先的に関わらせることです。

すぐに本人が望む仕事を任せることができない場合は、担当してもらう仕事が将来望む仕事にどのようにつながるのか、それがどのようなキャリア形成につながるのかを説明したうえで任せることが重要です。

その説明の際に、事例を話せると説得力が増します。

当初は望む仕事をさせてもらえず、下積みの仕事を担当させられたが、その後、望む仕事を担当させてもらうことができ、その中で下積みの経験が大いに役立っている。そんな自身の経験や他の社員の事例を話せれば、納得してもらいやすくなります。

これらの説明もなく、本人の希望しない仕事を一方的に担当させ、「ここにいても必要なキャリアを築けない」と思われてしまうと、離職に向けて動き始めます。

この仕事の任せ方の詳細は、第4章第2節をご参照ください。

また、「若手にハードに仕事をさせると辞めてしまう」というイメージから、このカテゴリーの人の仕事の負担を軽くした結果、「もっと厳しい環境で自分を鍛えたい」「仕事の仕方がぬるい」「残業させてもらえないのがつらい」という理由で離職する人もいます。

20代、30代の方はプライベートを大事にしたいから残業したくない、業務量はほどほどにしてほしいという方が多いですが、このカテゴリーの人は、たくさん業務をこなして早く力をつけたいという方も少なくありません。

そのため、希望する業務量について、個別に確認しておく必要があります。

◎意欲や能力が高くても、人間関係のストレスに弱い人も

また、仕事への意欲や能力は高いものの、人間関係のストレスに弱い人もいます。

そういう人は仕事にやりがいを感じても、給料が高くても、人間関係にストレスを感じると耐えられずに離職します。

ある不動産会社では、ベテラン営業マンが数多くいる中、20代の女性社員が常時ＴＯＰ３に入る営業成績を残します。ところがその女性から退職の申し出がありました。驚いた社長が理由を聞くと、給料は売上に比例する歩合制で、営業成績は社内に張り出され、周りの社員は自分がいくらもらっているかがわかる。それがやっかみとなっている。営業は楽しいが、人間関係がつらい。だから辞めたいとのこと。

「じゃ、給料はだいぶ下がるけど、一般職員と同じ固定給にして営業成績を貼り出すのをやめようか」と社長が言うと「いいんですか？　だったら辞めません」と言われ、社長も「え!?　本当にいいの？」と唖然としたといいます。

彼女の営業成績だと、歩合給から固定給に変えると給料が４分の１ほどになってしまう。でもやっかみをもたれるよりは給料が４分の１になったほうがいいと言う。それで固定給にしたところ、意欲的に営業に取り組んでくれているとのことです。

この話に驚かれる方も多いかと思いますが、彼女にとっては高い給料をもらうことより、人間関係のストレスなく働けることのほうが重要なのです。

ここまで極端な例ではないにしろ、同じような話は他でも聞きます。こういったところからも、人間関係でストレスを感じたくないというニーズの強さを感じます。

仕事への意欲や能力は高い、でも人間関係のストレスには弱い。

そういう人には第3章でお伝えした関係欲求を満たす関わりを通じて、人間関係のストレスをなるべく感じない状況を確保し、意欲的に長く働いてもらいましょう。

◎部下の離職を繰り返し経験しても育成を放棄しない

このカテゴリーの人の中には、最初からキャリアアップの転職をするつもりで入社してくる人もいます。

そういう人は入社と同時に転職サイトに登録し、今の会社ではこれ以上必要な経験やスキルは得られないと判断すると転職します。

そういう人でも、これまでお伝えしてきた関わりを行うことで、自社に強い魅力を感じてもらえれば転職を防ぐことはできます。

ただ、それがうまくいかない場合は転職を食い止めることが難しくなります。

こういった転職によって部下が辞め、育成にかけた時間が無駄になることを繰り返し経験すると、その上司は次に新人が入っても「どうせあなたもすぐ辞めるんでしょ」と指導に消極的になり、それによってまた新人が離職する負の連鎖に陥ることがあります。

その点に留意して、部下の離職を繰り返し経験しても、部下の指導が疎かにならないように心がけてください。

と、こうやって書くのは簡単ですが、これはいざやるとなると大変なことです。

これが売り手市場におけるマネジメントのつらさです。

今、多くの会社でこういったことが起き、現場の上司は悪戦苦闘を強いられています。しかし、結局最後に勝つのは、それでも諦めずに部下と関わり、部下を定着させ、育てることができた会社です。

ですので、つらいのはよくわかりますが、ここが肝心なところだと意識してくださ い。そこでさじを投げると、会社の成長とご自身の上司としての成長は止まるのです。

◎マニュアル化で上司の負担を軽減する

また、その苦労を少しでも軽減する工夫も必要です。その1つがマニュアル化です。新人が入社すれば一から指導が必要になりますが、基本的なことに関してはマニュアル化することで、指導の時間を節約できます。

例えば業務の基本的な指導に10時間かかるとします。新人が入社するたびにこの指導をする場合、10人入社すれば100時間かかりますが、マニュアル化すればこの時間を節約できます。

このように一度マニュアルを整備すると、将来の累計節約時間は相当な時間となります。弊社もマニュアルを整備したことで、部下の指導にかかる時間が激減しました。

また、忙しい上司をつかまえて指導を仰ぐのは、部下にとってもストレスです。この点、マニュアルがあれば上司に指導を仰がずに済みます。こういった形で、人間関係のストレスを減らすこともできます。

ただ、「マニュアル見ておいて」と言って放置するのではなく、「わからないところは遠慮なく聞いてね」と一言伝えておくことも忘れないようにしてください。

3　新人若手・中位【ルーキー】の離職の要因と対応

新人若手・中位の【ルーキー】カテゴリーの人は、仕事への意欲や能力の高さが中程度の20代の新人や若手です。

このカテゴリーの人は、関係欲求と生存欲求に関する離職が多い傾向にあります。

◎人間関係のストレスに配慮する

まず、関係欲求に関する離職についてですが、先ほどの例のように、この世代の人は人間関係のストレスに弱い傾向にあります。

その理由として、親や先生から厳しく叱られる機会が減っており、少子化により兄弟喧嘩をあまりしておらず、人間関係で強いストレスを感じる、強い感情をぶつけられることへの耐性が弱いことが挙げられます。

こういった人は、上司から叱られたり、お客様からクレームを言われたりして心が折れて辞めるというのが、典型的な離職のケースです。

また、わからないことがあって上司に話しかけたら面倒くさそうに対応された、仕事についていけなくて肩身の狭い思いをした、お客様に冷たくされた、といったことでもストレスを感じ、耐えられなくなることもあります。

そのため、第3章でお伝えした次のような関係欲求を満たす関わりが重要です。

・話しかけやすい雰囲気を作り、質問・相談があった場合はウェルカムな態度を示す
・1日1回は「わからないところない？　大丈夫？」と声掛けをする
・常に相談できるメンターを付ける、人事の相談窓口もあったほうが望ましい
・叱るときは、良い点を認めたうえでプライドを傷つけないように叱る

・きついお客様は担当させない

「こんな過保護のような接し方をずっとしなくてはいけないのか？」

そう疑問に思われるかもしれませんが、そんなことはありません。

さまざまな経験を積み、会社に慣れ、年次も上がると、ストレスに対する耐性がついてきます。そうなるとここまでする必要はありません。ただ、それまでの間は不安も多く、ストレスを感じやすいため、こういった関わり方が必要なのです。

◎残業や休日出勤はとにかく嫌い

次に生存欲求に関する離職ですが、これは主に労働時間に起因するものです。

このカテゴリーの人はプライベートを重視する人が多く、残業や休日出勤が多いと離職の可能性がぐっと高まります。

ＩＴ業の会社で働く20代のＷさんは音楽ライブに行くのが好きで、前職は残業がないと聞いて入社したのに、実際は残業があってライブに行けないことがあったので辞めたとのこと。今の会社は残業がないので満足していると話されていました。

人材紹介会社で働く20代のTさんも、自分の時間がとれないのは無理、19時以降は家にいたいと話されます。では、家で何をやっているかというと、これといったことはなく、YouTubeを見たり、ネットサーフィンしたりしているとのこと。

また、この世代の人は「タイパ」という言葉をよく使います。

タイパとはタイムパフォーマンスの略で、時間対効果という意味です。かけた時間に対する効果や満足度を重視する考え方で、仕事は早く終わらせ、プライベートの時間を大切にしようという意識から、タイパを重視する若手が増えています。

そのため、無駄を省き、業務を効率化し、残業や休日出勤をしなくても業務が回る状況を作ることが、このカテゴリーの人の離職を防ぐうえではとりわけ重要です。

これは経営上も合理的な考え方です。無駄な業務をしたり、非効率な仕事の仕方によって残業し、残業代が垂れ流しになるよりは、無駄を省き、業務の効率を高め、定時に終わらせるほうが残業代も発生せず、業績にも良い影響が出ます。

◎「昇進したから辞める」への対処法

また、「昇進したから」という理由で辞める人もいます。

昇進すると職場の管理を任され、責任が重くなる。人間関係のストレスも増えるし、忙しくなるから残業や休日出勤も増える。そんなのは絶対に嫌だ。給料はそこそこでいいし、偉くなりたいわけでもない。だから昇進なんかしたくない。

そういう人を無理やり昇進させると、離職されかねません。

こういう理由での離職は、人間関係のストレスに弱く、プライベートを重視するこの世代の特徴を考えるとうなずけるものです。そのため、本人の意向をよく聞いたうえで昇進させるかどうかを判断することが重要です。

とはいえ、ある程度の年次になったら、昇進してチームを取りまとめるなどの責任のある仕事を担当してもらわないと困る場合もあります。

その場合、まず昇進を拒む理由を把握し、その理由に応じて次のことを伝えると昇進に応じてもらいやすくなります。

・昇進後、上司が相談役として関わるので相談したいことは遠慮なく相談していい
・責任を1人で抱え込もうとせず、上司と連携して一緒に進めていこう
・業務量が多すぎる場合、サブリーダーを設けて業務を分担してもらうこともできる

この世代の人は真面目な人も多く、昇進後の業務もきちんとこなさなければいけないと思い、そのプレッシャーや自信のなさから昇進を拒む場合もあります。

そのため、こういったコミュニケーションによってプレッシャーを緩和することで、昇進に応じてもらいやすくなります。

また、昇進前の段階から昇進後の業務を少しずつ経験してもらい、自信をつけてもらうと、スムーズに昇進してもらいやすくなります。

昇進後は実際にこれらのフォローを行い、慣れてもらえれば、昇進後の業務もこなせるようになっていきます。

ただ、その場合も定期的に悩みを抱え込んでいないかを確認しましょう。

4 新人若手・下位【問題児】の離職の要因と対応

新人若手・下位の【問題児】カテゴリーの人は、仕事への意欲や能力が高くはなく、パフォーマンスも低い20代の新人や若手です。

このカテゴリーの人も、人間関係のストレスやプライベートの時間を確保できないことによる離職が多いため、新人若手・中位のカテゴリーと同様の対応が必要です。

◎部下の成長と可能性を諦めないことが重要

このカテゴリーの人には、常識がない、責任感がない、同じミスを繰り返す、それでいて態度は生意気で口だけ達者、でも叱るとすぐ心が折れる、という人もいます。

こういった若手を粘り強く指導するのは大変なことです。

私もそういう若手を指導し、腹が立つこともあれば、途方に暮れることもありました。それでも粘り強く関わり、育てた若手は今、立派に活躍しています。

人手不足が深刻になるほど、こういった若手に対しても粘り強く関わり、一人前に育てることがより強く求められます。

そこで大事になるのが、上司の側が怒りとストレスにどう対処するかです。頭にきて、つい言い方がきつくなる。部下に対するストレスを抱え続けて、精神的にまいってしまう。こういったことを防がなければなりません。

この点については、第3章第2節〜第5節を活用していただければと思います。特に、大変な部下を「先生」と定義する方法はおすすめです。

◎「仕事ができない」と決めつける前に指導を振り返る

新人や若手の仕事への意欲やパフォーマンスが低い原因の1つに、上司が十分に指導できていないため、理解不足によって仕事についていけていないことがあります。第4章第7節でお伝えしたSL理論の、成熟度が低い部下に対して教示的リーダーシップがとれていない状況です。

また、気が小さい人は上司が忙しそうにしていると、わからないことがあっても遠慮して質問できず、抱え込んだまま前に進めなくなることがあります。
それにより仕事についていけないと、意欲が下がります。

そういう状況にもかかわらず、「この部下は仕事ができない」と決めつけると、その決めつけは上司の態度や仕事の任せ方に出ます。

普段のコミュニケーションもそっけなくなり、叱り方もついきつくなり、簡単な仕事しか任せない。それによって部下のプライドが傷つくと離職の動機が高まります。

そうならないよう「この部下は仕事ができない」と決めつける前に、自分の指導は十分かどうかを振り返っていただければと思います。

また、マニュアルが整備されていれば、そういう状況を防ぐことにもつながります。

◎若手を叱る判断基準と叱り方

このカテゴリーの人は、勤務態度が悪かったり、ルールを守らなかったりすることがあります。ただ、若い人は叱るとすぐ辞めるから叱るなという会社もあります。

しかし、そこで見て見ぬ振りをし、それが常態化すると、他の社員の不満を招きます。さらに、他の社員や今後入社する新人がそういった社員の真似をし始めると、組織の雰囲気が乱れ、統率がとれなくなっていきます。

そのため、できる限り改めるように伝える必要があります。その際は第3章でお伝えした、感情の管理や叱り方の戦略、信頼の形成といった点に留意することです。

また、繰り返し伝えても改めないなど、きつく言わないといけないと感じた場合は、離職されるリスクも考慮しつつ、社内でどのような伝え方をするかを事前に話し合ったうえで伝えることも重要です。

◎部下の離職により、上司が降格となる

ある製造業の会社では、人手不足が深刻化しており、会社をあげて採用活動に注力し、やっとの思いで新人が採用できました。

その新人は営業部に配属されますが、奇抜なネイルで出社するようになりました。

「さすがにそのネイルでは客先を訪問できない。どうにかならないか」と、上司が伝え、新人は「わかりました」と言うものの、直さない状況が続いていました。

そこで上司はきちんと叱るべきだと判断し、強く叱った結果、翌日から新人が出社しなくなり、そのまま退社となりました。

人手不足の深刻さから、その事態を重く見た会社は、叱った上司を降格としました。

会社によっては１人の採用に相当なコストや時間をかけていることがあります。また、深刻な人手不足の状況にあると、１人の離職が現場の業務に大きく影響します。

その場合、部下の離職は会社にとって大きな損失となるため、離職の可能性があることを独断で行うと、重大な責任問題となるのです。

こういった点も考慮し、どう叱るかについては、事前に上司や会社の了解を得たうえで慎重に対応することが求められる場合もあることに留意してください。

5　中間世代・上位【エリート】の離職の要因と対応

中間世代・上位の【エリート】カテゴリーの人は、十分な経験を積み、仕事に対する意欲や能力が高く、現場でトップクラスの成果を上げる30代、40代の人です。

このカテゴリーの人は自分の市場価値の高さに自信があり、今より条件が良い転職先も探せば見つかると思っている人が多く、また、独立をしやすい業界では独立の意向が強い人もいます。

このカテゴリーの人への対応としてとりわけ注意すべきなのが、「仕事の任せ方」「期待の伝達」「体調への配慮」です。

◎仕事の任せ方と期待の伝え方に注意する

このカテゴリーの人は実績も自信もあるため、自分の思うようにやりたいという気持ちが強く、自分のやり方にいちいち口を挟まれるとモチベーションが下がります。

そのため、十分な裁量権を与えて、大事なところは手綱を引きながらも細かいことには口を挟まないという、第4章第7節でお伝えしたSL理論の委任的リーダーシップの関わり方が重要になります。

ただ、それが「放置」と感じられると上司との関係が疎遠になり、関係欲求が満たされなくなります。そうならないよう折を見て声をかけ、良い点は褒め、「口は挟まれないけれども見守ってくれている」と感じてもらえる状態を維持することです。

そして、優れている点をフィードバックしたうえで、会社からの期待を伝えておきます。その際、伝達する期待が本人の意向に沿わないものだと逆効果になるので、あらかじめ本人の意向を把握しておくことも必要です。

その内容に合わせてどういった成長の機会を提供できるかを伝えられると、なお良いでしょう。

◎仕事が集中しやすいため、体調への配慮は重要

また、このカテゴリーの人は能力が高く、責任感も強く、安心して仕事を任せられるうえに本人の意欲も高いため、仕事が集中しやすくなります。

それによって過労やストレスで体調を崩したり、デスクワークの場合は首や肩の凝り、腰痛、眼精疲労、頭痛などに悩まされたりすることも少なくありません。

そうなると業務への意欲が減退し、その状況でなお仕事が集中すると極度のストレスと心身の危険を感じ、離職に至ることがあります。

そのため健康状態と業務量にはくれぐれも注意を払うようにしてください。

◎離職後も協力関係を維持する

このカテゴリーの人は強い自信と行動力があるため、離職を防ぎきれないこともあります。特に独立志向の人の独立を思い止まらせることは、なかなか難しいです。

とはいえ、現場でトップクラスの成果を上げている人に辞められることは大きなダメージとなるため、ダメージを最小限に食い止める対応をとることも重要です。

その対応の１つが、独立する人には業務委託先として関与してもらうことです。独立直後は顧客も少なく、売上が安定しない場合も多いものです。その場合、業務委託先として仕事を依頼することは、相手にとってもありがたいことです。

業務委託先として引き続き業務を担当してもらえば、業務を継続してもらえます。転職する人でも転職先が副業可能なら、業務委託先となってもらうことは可能です。

あるいは独立後、業務提携先として協力体制を築き、仕事を紹介し合う、共同受注して利益をシェアするといったことも可能です。また、オフィスを間借りさせてあげて賃料を入れてもらうなどのコストをシェアする方法もあります。

こういう状況を実現するには、何といっても喧嘩別れをしないことが大切です。辞める部下を「裏切者」ととらえる上司もいます。こうなると退社後も関係を継続することは難しくなります。

辞めた後も業務委託先や提携先として関与してもらうという発想を持ち、具体的な提案内容も整理できていれば、感情的にならずにそういった提案がしやすくなります。

また、「独立してうまくいかなかったら、いつでも戻って来いよ」と伝えておくのもありでしょう。独立にしろ転職にしろ、出戻りするケースは意外とあるものです。

◎子会社を作って社長を任せる

また、社長として経営をしてみたいという理由で独立するのであれば、子会社を作って社長をやってもらう方法があります。

独立はリスクが高く、まとまった資金も必要です。この点、会社から業務を切り出す形で子会社化すれば、独立直後から一定の売上を確保でき、資金も得られるため、独立のリスクを軽減して「代表取締役」の肩書で経営ができます。

6 中間世代・中位【現場牽引者】の離職の要因と対応

中間世代・中位の【現場牽引者】カテゴリーの人は、プレイヤーあるいは管理職として現場を牽引する、30代、40代の人です。

会社に対する不満や将来への不安を理由とする離職、あるいは給料、労働条件の向上を目的とした離職が多い傾向にあります。

◎プライベートの変化や管理職の責任が離職の原因に

結婚して子どもが生まれると、これまで以上にお金が必要になり、プライベートの時間も確保したくなります。その場合、生活に十分な給料が得られなかったり、残業や休日出勤が多かったりすると、離職の動機が高まります。

これはこの世代の上位、下位のカテゴリーの人にもあてはまります。

また、この世代の人は業務がマンネリ化すると業務に飽き始め、違う道を歩むなら今のうちだと考える人も少なくありません。

ただ、同世代の上位の人は実力に自信があるため動くときは動きますが、このカテゴリーの人はそこまでの自信はなく、心が揺れています。だからこそ気持ちをグリップできるかどうかが重要になります。

この世代はプレイヤーとして中核業務を任され、それに加えて管理職としてマネージャー業務も担当することで、業務量と責任が格段に増えます。

同世代の上位の人たちは意欲と能力の高さでこういった状況を乗り切るものの、このカテゴリーの人はそれがなかなか難しく、ストレスが臨界点に達すると離職します。

そういった離職を防ぐには、まず面談などで悩みを聞く機会を設けることです。そして、第3章第6節でお伝えした聞き方に留意し、出てきた悩みに対応することで不満が臨界点に達するのを防ぎます。

◎関係欲求を満たす関わりが疎かになりがち

また、部下がこの世代くらいになると、上司も「今さらそういうこと言わなくてもいいでしょ」と思って、労をねぎらう、褒める、感謝を伝えるといった関係欲求を満たすコミュニケーションが疎かになっていきます。

しかし、若手も中間世代も年長世代も、認めてもらいたい気持ちは同じです。プレイヤーとして中核業務を任され、管理職として慣れないマネージャー業務も担当させられ、業務量と責任が格段に増えた中でも何とか頑張っているのに、上司は労をねぎらうこともなく、褒めもしないし、感謝も伝えない。

加えて、このカテゴリーの人は同世代の上位ほど優れた成果を収められておらず、認められる機会も多くないため、自分はどう思われているのかがより気になります。

「仕事の量がずいぶん増えたから大変だと思う。でも本当によく頑張ってる」

そんな一言があれば、業務量と責任が増え、ストレスフルな状態だったとしても、不満をぐっとこらえて頑張れたりするものです。

そのため、労をねぎらう、褒める、感謝を伝えるといった関係欲求を満たすコミュニケーションは、中間世代の部下であっても疎かにしないことです。

また、認められる機会が多くはないからこそ、上司の関わり方によっては、「自分は本当に必要とされているのかな」「一歯車としていいように使われているだけなのかも」と感じることがあります。

そうならないよう「うちの会社にとってあなたは大切な存在なんだ」という旨のメッセージを伝えることが重要です。これは同世代の下位の人にも当てはまります。

例えば、「あなたが現場を明るくしてくれてるから、みんなが働きやすいんだよ」「こまやかな気配りをしてくれて、会社としても本当に助かっている」「みんなお前と飲みに行くのが好きなんだよ」など、さまざまな切り口から伝えることは可能です。そして、「この会社の人は、自分のことを特別に思ってくれている」と感じてもらえると、それが離職を思い止まらせる力となります。

◎将来の不安が見えてくる世代

また、長く勤めることで業界の動向や社内事情に詳しくなり、業界や会社の将来に不安を覚えると、まだ転職できる年齢のうちに転職しようという動機が強まります。

今は市場の変化が速いため、業界の動向に敏感な人も多いことから、その動向を踏まえたうえで、自社はどういう戦略を進めていくのかというビジョンや事業計画を定期的に示すことも重要です。この詳細は第4章第3節をご参照ください。

また、同世代の上位のように順調に昇進できず、職位が上がらない状況が長く続いたり、キャリアの頭打ち感が出てきたりした場合も離職の動機は高まります。

この点、部長、課長、マネージャーなどの公式の職位には限りがあるため、多くの人に望むキャリアを提供することは難しいと思います。

そこで例えば、部長代理、副部長、サブマネージャーといった職位を設けて職位の数を増やし、より多くの人が職位が上がる状況を確保するのも有効な方法です。

◎離職の抑止力となる部下との絆、上司との絆

この世代の人は、部下との絆が理由で離職を思い止まることがあります。

新人の頃から面倒を見てきた部下が、一人前に成長し、自分を慕って一生懸命に付いてきてくれている。そんな部下を置いて会社を去るのはしのびない。

このように部下との絆が離職の抑止力となるのです。

そのためには、本人が優れた上司となることが必要であり、そのためにマネージャー目標を設定し、マネージャーとしての成長を支援することです。

そして、マネージャーとしての成長が見られたら、しっかり褒めることです。

また、第4章第8節でお伝えした、部下の成長を心から喜ぶ上司の存在も、離職の

抑止力となります。

嬉しいことがあったときに我がことのように一緒に喜んでくれ、悲しいことがあったときは我がことのように一緒に悲しんでくれる。そうやって、深く感情を共にしてくれる上司には恩と絆を感じます。

そういった関わりも離職の強い抑止力となります。

◎家族の理解も離職の抑止力となる

また、離職を考える際、まず相談するのが家族です。

この世代になると結婚して、家庭を持っている人も多く、その場合、家族の同意なしに離職することは難しいものです。そして、家族の一言が離職の抑止力になることも少なくありません。

そのため、部下の家族と信頼関係を構築することも重要になります。

ある不動産会社では、社長が社員の家族に手紙を送っています。

その内容は、社員の活躍ぶりと、その社員を日頃から支えてくれている家族の方への感謝の言葉です。それを社長が一通一通、直筆で心を込めて書いています。

結果としてそれは社員本人との関係を深めることにもなっています。

それによって、離職者がずいぶん減ったと話されます。

また、ある建設会社では、社員の家族も呼ぶ、社員の慰労会を行っています。そこで支店長が社員のご家族に対して、日頃のお礼と感謝を伝えて回っています。

このように部下の家族とも信頼関係を構築することは、部下の離職を防ぐうえでも、とても大切な関わりです。

「将来の不安が見えてくる世代」「離職の抑止力となる部下との絆、上司との絆」「家族の理解も離職の抑止力となる」の項目でお伝えした内容は、すべての中間世代、年長世代にあてはまることですが、とりわけこのカテゴリーの人に当てはまる要素が強いので、ここでお伝えしました。

7 中間世代・下位【未開花者】の離職の要因と対応

中間世代・下位の【未開花者】カテゴリーの人は、ある程度長く勤めたものの十分な成果が残せていない30代、40代の人です。同期とキャリアや評価で差を付けられ、肩身が狭い思いをし、社内に居場所がないと感じている人もおり、それによってプライドが傷つくと離職を考えます。

しかし、良い転職先が見つからなかったり、転職先でうまくやっていく自信がなかったりすると離職せずに留まります。

また、自分がそんな状況にあるのは会社のせいだと考え、会社に対して批判的な態度をとる人もいます。

◎仕事を変えるとパフォーマンスが上がるケースも

このカテゴリーの人が成果を残せていない理由の1つに、向いていない仕事をずっと担当しているということがあります。

向いていない仕事を担当していて陽の目を見なかった人が、異動によって向いている仕事を担当すると、水を得た魚のように活躍することがあります。

適材適所の配置によって部下のパフォーマンスは大きく変わる可能性があるのです。

仕事は「事務業務」と「対人業務」に大別できます。

事務業務が得意な人に対人業務を担当させたり、あるいは対人業務が得意な人に事務業務を担当させたりすると、高いパフォーマンスを発揮することができません。

また、対人業務はさらに営業や接客などの「社外業務」と部下の指導などのマネジメントを行う「社内業務」に分けられます。社内業務が得意な人に社外業務を担当させる、社外業務が得意な人に社内業務を担当させるというミスマッチもあります。

これらのミスマッチが解消されると、才能が開花する人もいます。

ある司法書士事務所に、書類作成業務を担当させたもののミスが多い社員がいました。彼はコミュニケーション力が高く、社内で人気者でしたが、業務の評価が低いため、中間世代・下位のカテゴリーに属する状況でした。

所長は彼には何とか成長してもらいたいと熱心に指導しますが、ミスは減らず、低い評価をせざるを得ませんでした。

そこで所長は大胆な人事を行います。彼をマネージャーに抜擢し、書類作成業務は担当させず、マネジメントに専念させました。

その結果、彼は持ち前のコミュニケーション力を発揮し、現場の不満を吸い上げて所長に報告し、また所長の意見を現場に伝え、現場の取りまとめ役を見事に果たすようになります。また、顧客開拓や新サービスの立ち上げにも積極的に関与します。

こういった彼の活躍により、この事務所は大きく業績を伸ばしています。

◎向いていない仕事をさせるのは「上司の罪」でもある

ある不動産業の会社で営業を担当していたU氏は、営業成績がずっと最下位でした。

その理由を社長もわかっていました。それは人が良すぎるということです。

この会社はテレアポや飛び込み営業も行っており、お人好しのU氏は突然連絡したり、訪問したりすると迷惑ではないかと遠慮し、提案も消極的になっていました。しかし社長は営業の人員は１人でも多く欲しいと思い、Ｕ氏に営業をさせていました。

Ｕ氏は社長と会うたびに「足引っ張って本当にすみません」と謝っていました。

そこで私が適材適所の配置の重要性についてお話ししたところ、社長は「やっぱりそうですよね。彼には苦手なことをさせて申し訳ないことをした」と反省され、Ｕ氏にこう話されました。

「お前が売れないのは優しすぎるからなんだよ。でもその優しさがお前のいいところなんだよな。それがわかっててお前に営業をさせて、申し訳ないことをした。なので、人事部に移ってその優しさを発揮してもらいたいと思うんだが、どうだろうか」

社長がそう話すと、Ｕ氏は涙ぐんでその話を受け入れてくれたとのことでした。

以来、Ｕ氏は持ち前の優しさを発揮して、社内の人の相談に乗ったり、新人を手厚く指導したり、社内のイベントを企画したりと活躍してくれているとのこと。それにより離職者も減りました。その活躍ぶりを見て、社長はこう話されました。

「彼は営業の仕事をしているときは『自分は仕事ができない人間だ』って卑屈になっていたんです。でも今はまったくそんなことは思ってないと思います。彼を卑屈にさせていたのは私だったんです。大反省ですね。適材適所の配置の大切さがよくわかりました」

適性に合った仕事を担当できると、仕事のパフォーマンスは大きく上がります。そのため、「この部下は仕事ができない」と安易に考える前に「仕事が合っていないのかもしれない」と考え、適材適所の配置を検討していただければと思います。これによって適性に合った仕事ができることは、本人にとっても会社にとっても大きな意義を持ちます。そして、それはご自身の上司としての成長にもつながります。

8 年長世代・上位【経営幹部】の離職の要因と対応

年長世代・上位の【経営幹部】カテゴリーの人は、50代以上の役員や部長といった経営幹部の人です。このカテゴリーの人を部下に抱えるのは社長となります。

このカテゴリーの人は、勝ち取った今のポジションを捨てるのは惜しいと考え、また50代になると転職先も限られてくることから、基本的に離職の動機は高くありません。

ただ、このポジションにつける人は実績も自信もあることから、主張が激しくなる方もいます。そして、自分の主張が受け入れられなかったり、会社の方針に納得がいかなかったりすると離職するケースがあります。

さらに、職位が上がることで社長と直接仕事で関わるようになり、社長からのストレスに耐えられず離職するケースもあります。

社長は上司がおらず、たしなめてくれる人もなかなかいないため、部下の話が聞けずに主張が強くなる人も少なくありません。それが部下の離職の原因になる例も多いため、社長の方は要注意です。

また、これはこの世代の上位、中位、下位に共通することですが、親の介護が必要になり、仕事と介護の両立が難しくなった場合に離職することもあります。

いわゆる「介護離職」です。

厚生労働省の調査では、残業が多かったり、有給休暇が希望どおりにとれていなかったりした場合、仕事と介護の両立が難しいと考える人が多くなっています。

そのため、親の介護が必要になった場合、そのための時間が確保できるよう会社としてもバックアップできるかどうかが、介護離職を防ぐうえでは重要になります。

9 年長世代・中位【中間管理職】の離職の要因と対応

年長世代・中位の【中間管理職】カテゴリーの人は、役員にはなれなかったものの、現場で中間管理職としてマネジメントを行い、ベテランプレイヤーとしても活躍する50代以上の人たちです。このカテゴリーの人を部下に抱えるのは、経営陣や部長クラスの人となります。

この世代の管理職は責任が重く、経営陣からのプレッシャーと現場からの反発の間で板挟みとなることが多々あります。

経営陣からは「この方針で進めろ！」「数字を伸ばせ！」と責め立てられ、現場の部下からは「そんなの無理だ！」「現場のことを考えろ！」と突き上げられる。

このように経営陣の現場に対する不満と、現場の経営陣に対する不満の両方が管理職にぶつけられます。その結果、精神的に限界を迎えて離職するケースがあります。

また、離職には至らなくても、軽い鬱状態で働いている人もいます。

◎悩みを聞く機会を設ける

そういった離職を防ぐには、まず悩みを聞く機会を設けることです。

ただ、悩みを聞いてそれに迎合するだけでは、経営を前に進めることはできません。相手の悩みと会社の都合の両方を勘案し、一緒に解決策を考える姿勢を持つことです。

「どうにかしろ！」と突き放されるのと「一緒に考えよう」と寄り添ってくれるのとでは、抱えるストレスは大きく異なります。

ベテランだからといって何を言われてもタフに頑張れるかというと、決してそうではなく、表面的には元気に見えても、精神的にはギリギリの人もたくさんいます。

経営陣の方はその点も心に留めて関わっていただければと思います。

そして中間世代・中位のカテゴリーでもお伝えしましたが、この世代の人にも労をねぎらう、褒める、感謝を伝えるといったコミュニケーションを忘れないことです。

◎キャリアの頭打ち感が離職につながる

一方で、このカテゴリーの人は社内での自分のキャリアに頭打ち感を覚え、「これ以上の昇進は望めない」と思うとモチベーションが下がります。

役職定年制度を導入する会社では、役職定年をきっかけに離職する人もいます。

この点、内閣府による『令和5年版高齢社会白書』によると、60歳以上の就業者の割合は図表6－2のとおりであり、60歳以降も多くの方が働いていることがわかります。

定年退職後の働き方には、フリーランスとして独立、企業の顧問や役員に就任、再雇用、パートなどがあります。

この世代の人はそのための準備として資格をとる、必要なキャリアを積む、人脈を

図表６－２　年齢階級別就業率

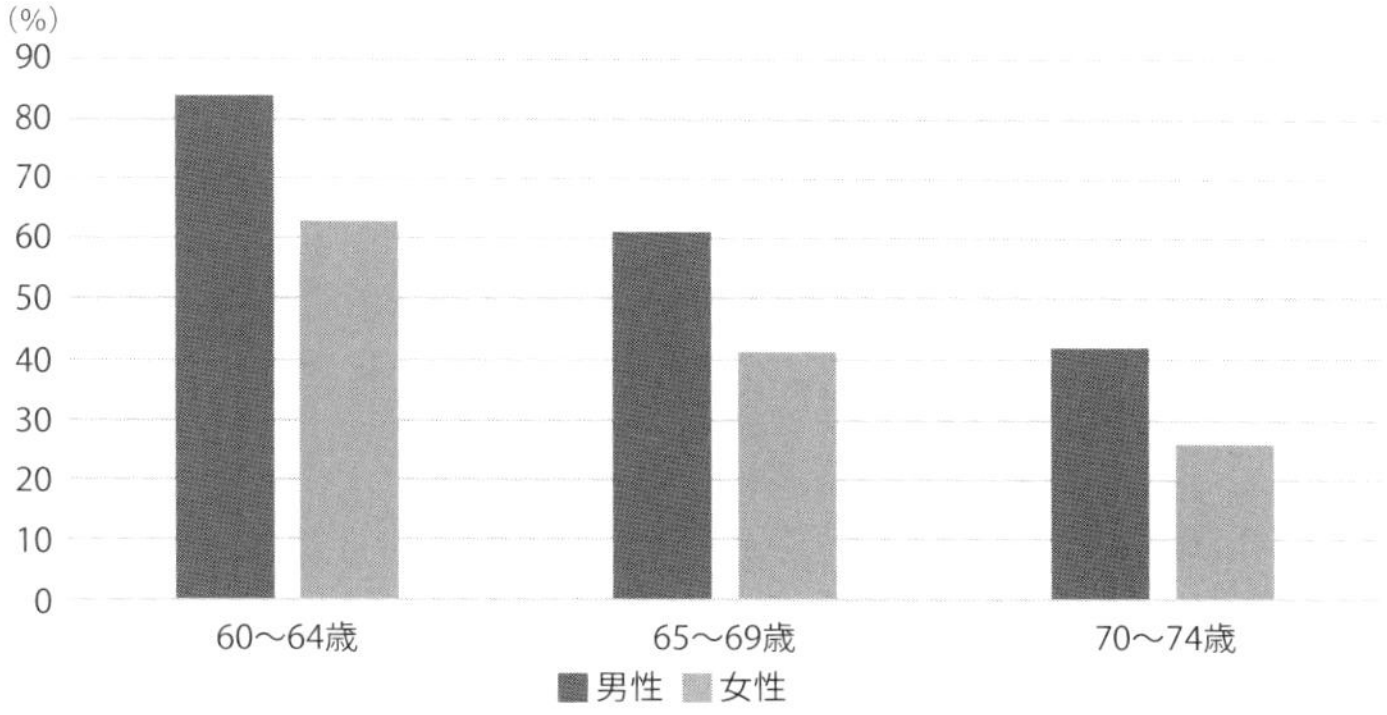

出所：内閣府『令和５年版高齢社会白書』より筆者作成

広げるといった活動を始め、活動が本格化すると離職する方もいます。

こういった離職を防ぐには、今後の意向とそのためにどういったキャリアを築いていきたいのかを聞き、副業を認める、必要なキャリアを積ませる、人脈を紹介するといった支援を行うなど、会社に残るメリットを感じてもらうことです。

また、独立する人に対しては、中間世代・上位のケースと同様、独立した後も業務委託という形で仕事を受けてもらえるようにするなど、継続的に関与してもらえる体制をとっておくことも重要です。

◎「世のため人のためになる仕事がしたい」と辞める人も

50歳を超えると、今の仕事を人生最後のキャリアとすることに心残りはないかと考え、やりたいことがやれる職場を求めて離職する人も出てきます。

その中でも「最後のキャリアは世のため人のためになる仕事がしたい」と、公欲を満たそうと転職をされる方が一定数いらっしゃいます。

ただ、真っ当な仕事であれば、どの仕事でもお客様のお役に立つという形で社会の役に立っているはずです。その仕事の社会的意義を十分理解できていれば、こういった離職を防げる可能性はあります。

そのためにも、第5章第1節でお伝えしたように、お客様の喜びの声をシェアし、事業の社会的意義を明確にして社内に周知するとともに、その点を意識した経営を進めることです。

10 年長世代・下位【窓際社員】の離職の要因と対応

年長世代・下位の【窓際社員】カテゴリーの人は、高い成果を残すことはできていないものの、何とか定年まで勤め上げようという50代以上の人です。

このカテゴリーの人に対しては、離職を防ごうとするより、離職を促す会社も少なくありません。

ただ、人手不足が深刻化する場合は、このカテゴリーの人にいかに活躍してもらうかも１つのテーマとなるでしょう。

どういった業務であればより高いパフォーマンスを発揮してくれるのか、より高い意欲で取り組んでくれるのか。

そのための適材適所の配置は、このカテゴリーの人にも重要なテーマとなります。

【第6章　まとめ】

●新人若手・上位【ホープ】の離職の要因と対応

・成長欲求が強く、キャリアや仕事内容に満足できないことによる離職が多い。

・「業務量が少ない」「仕事の仕方がぬるい」という理由での離職もある。

・キャリアや業務内容、業務量の希望をよく聞き、可能な限り対応する。

・転職ありきで入社し、離職する人もいるが、そういった離職を繰り返し経験しても、部下の育成を諦めないことが大事。

●新人若手・中位【ルーキー】の離職の要因と対応

・人間関係のストレスやプライベートの時間が確保できないことによる離職が多い。

・話しかけやすい雰囲気を作る、定期的に声をかけるといった対応が重要。

・業務配分には注意を払い、残業や休日出勤は極力させないようにする。

・無理に昇進させると離職することも。本人の意向を確認したうえでの対応が必要。

●新人若手・下位【問題児】の離職の要因と対応
・人間関係のストレスやプライベートの時間が確保できないことが理由の離職が多いため、新人若手・中位と同様の対応が必要。
・このカテゴリーの部下とは粘り強く関わることが重要。そのためには、上司の側が怒りとストレスにうまく対処する必要がある。
・意欲やパフォーマンスが低いのは、上司の指導に問題がある場合もある。
・部下の離職は重大な責任問題となることがあるため、部下を叱る場合は、必要に応じて事前に上司や会社の了解を得ておく。
●中間世代・上位【エリート】の離職の要因と対応
・自分の思うようにやりたいという気持ちが強いため、十分な裁量権を与えて、大事なところは手綱を引きながらも細かいことには口を挟まない。
・仕事が集中しやすいため、仕事量と体調のケアには注意。
・離職された場合でも、継続的に協力関係を築ける提案を準備しておく。
・社長を経験したい人には、子会社を作って社長を任せるのもあり。
●中間世代・中位【現場牽引者】の離職の要因と対応
・プレイヤーとしての中核業務に加え、マネージャー業務も担当し、業務量と責任が格段に増えるが、同世代の上位ほどうまく対応できず、ストレスを溜めやすい。
・同世代の上位ほど認められる機会がないため、労をねぎらう、褒める、感謝を伝えるといった関係欲求を満たすコミュニケーションを疎かにしない。
・業界や会社の将来に対する不安を払拭するビジョンを掲げる。
・キャリアの頭打ち感が出ないように、職位の数を増やすのもあり。
・部下や上司との絆、家族の理解は離職の抑止力となる。
●中間世代・下位【未開花者】の離職の要因と対応
・向いていない仕事を担当させている可能性がある。
・向いている仕事を見つけ、適材適所の配置ができると、パフォーマンスも意欲も上がる可能性がある。
●年長世代・上位【経営幹部】の離職の要因と対応
・社長の圧力に耐えきれずに離職するケースがある。社長はたしなめてくれる人が少ないため要注意。
・介護離職する人も少なくない。残業を少なくし、有給休暇をとりやすくする。
●年長世代・中位【中間管理職】の離職の要因と対応

・経営陣からの圧力と現場からの突き上げにより、強いストレスを抱えやすいため、本音や悩みを聞く機会を設ける。
・労をねぎらう、褒める、感謝を伝えるといった関係欲求を満たすコミュニケーションを疎かにしない。
・最後のキャリアとして、世のため人のためになる仕事がしたいというニーズもある。

●年長世代・下位【窓際社員】の離職の要因と対応
・離職を促す会社も少なくないが、適材適所の配置により、高いパフォーマンスを発揮してくれることもある。

第7章　離職を防ぐため会社に求められる対応

1 部下の離職を防ぐために必要な評価制度

部下の離職を防ぐには、会社としても取り組まなければならないことがあります。まず必要なことが、採用の厳しい現状を現場の上司に伝えることです。その現状の認識が、部下の離職を招く上司の言動を改めさせるきっかけとなります。

◎部下の離職を防ぐ対応を妨げる評価制度

また、上司が部下の離職を防ぐ対応をとろうとはするものの、会社の制度がその妨げとなるケースがあります。それが人事評価制度です。

これまでお伝えしてきたとおり、部下の離職を防ぐには上司としてさまざまな対応が必要であり、そこには時間をとられます。しかし、現場の上司は忙しく、限られた時間をどこに充てるかは重要な判断となります。

業務には営業や業務処理などの「プレイヤー業務」と、部下の離職を防ぎ、部下を育て、組織を成長させる「マネージャー業務」とがあります。

この点、部下を持つ上司の評価であっても、プレイヤー業務の内容ばかりが評価対象になっている会社は数多くあります。また、制度上はマネージャー業務も評価対象になっていたとしても、実態はマネージャー業務をほぼ評価していない会社も少なくありません。


評価面談ではプレイヤー業務について聞かれ、フィードバックもプレイヤー業務の内容がメインで、プレイヤー業務の結果に基づいた評価が行われる。

そんな状況では上司は部下の離職を防ぎ、部下を育てるために限られた時間を充てようとしないでしょう。


さらに、「部下を手厚くケアしろとか言いながら、結局はプレイヤー業務で成果を出さないと評価されないんでしょ」と会社の一貫性のないやり方に不満を抱きます。

そして、プレイヤー業務の時間を確保するために、部下が話しかけづらい雰囲気を作り、部下の話を聞かず、部下の育成はそっちのけでプレイヤー業務に邁進します。

そのため、離職を防ぎ、人を育てることを現場の上司に率先して行ってもらいたいのであれば、その点を重視した評価制度を設計し、運用する必要があります。

それによって、会社として発信するメッセージと人事評価制度の内容に一貫性を持たせ、現場の上司が離職防止に向けた対応をとりやすくする必要があります。

2 商品の価格と離職率には相関関係がある

社員に負担をかけすぎないことは、離職を防ぐためにも重要なことです。

しかし、数多くの仕事をこなさないと利益が出ないため、社員に重い負担をかけてでも多くの仕事をとらざるを得ないという会社もあります。

そういった状況でも離職率を下げたいという会社に提案するのが「値上げ」です。

◎なぜ値上げが離職を防ぐのか

例えば、商品の価格を2倍にし、それによって顧客数が半分になったとします。その場合、売上は変わりません。ただ顧客数が半分になるため、その分だけ業務量が減ります。

この場合、半分の業務量でこれまでと同じ売上が獲得できます。

それによって社員の負担を減らすことで、離職率を下げることができます。


あるコンサルティング会社では業務量が多く、現場はひっ迫し、離職者が出るたびに残ったメンバーの負担が増え、その負担の重さが次の離職者を生んでいました。

ただ、十分な利益が出ていないため、業務量を減らすわけにはいかない状況に悩んでいました。


そこで私が値上げを提案したところ、約30％の値上げをし、1年後の結果を見ると顧客数は15％ほどの減少に留まりました。それにより売上は従来よりも増え、業務量は15％減って、現場のひっ迫状況は緩和されました。

そのうえでマネージャーに部下のケアに力を入れてもらうようにしたところ、離職率が下がりました。そして、社長はこう話されました。

「経営者にとって値上げってかなり勇気がいりますからね。だから初めはすごく抵抗がありました。でも値上げしても意外と断られないもんですね。おかげさまで現場も少し落ち着いたので、マネージャーが部下の面倒を見てくれるようになりました。値上げする前はマネージャーも忙しくてピリピリしてたので、部下の面倒を見てくれなんて言えなかったですよ」

経営心理士講座の受講生であるHさんは会計事務所を経営しており、同様の状況に悩んでいたため、10％の値上げをしました。ところが成約率は変わらなかったため、その翌年にさらに10％値上げしました。それでも成約率はほとんど変わりませんでした。

その結果、利益率が大幅に改善されたため、高い年収を提示して職員を採用することができ、それにより職員1人あたりの担当会社数を減らせたため、現場のひっ迫状況が解消されました。その結果、離職率も下がったとのことです。

このように、販売価格と離職率には相関関係があります。

安い価格で提案し、たくさん数をこなさないと利益が出ない状況で経営をしていると、現場がひっ迫するくらいまで仕事をとり、それで離職率が高くなります。

その場合、離職率の高さの根本原因は価格の安さにあるわけです。

◎値上げするとまったく売れなくなる場合とは

ただし、値上げは顧客との関係悪化をもたらしかねないため、慎重な判断が必要であり、決して安易な値上げをすすめるものではありません。

お客様が安さが決め手で購入している場合や他社との価格比較がしやすい場合などは、少しでも値上げするとまったく売れなくなることがあるため、値上げには相当慎重になる必要があります。

また、このようにして現場のひっ迫状況が解消されても、売上をさらに増やそうとまた営業して顧客を増やし、現場がひっ迫する状況に戻してしまう経営者もいます。

経営者の方はそうならないよう、中長期的な視点での経営を意識してください。

【第7章　まとめ】

●離職率を下げたいのであれば、離職率を下げる動きをとっている上司を高く評価する人事評価制度にする必要がある。

●現場がひっ迫するほど仕事をとらないと利益が出ない状況で、離職率を下げたいのであれば、値上げを検討する。

●値上げはリスクを伴うため、慎重な判断が必要。

第8章　部下と向き合う前に自分と向き合う

1 「読んでも実践しない」を克服する方法

これまで、離職の心理と対応についてお伝えしてきました。

この内容を活用して部下の離職を防ぐこと、そのために上司として成長することが本書を読んでこられた目的だと思います。その目的を果たすには実践が必要です。

ただ、「読む」と「実践する」との間には大きな壁があり、「読んでも実践しない」という状況に陥る人が圧倒的に多いのが実情です。

これはビジネス書の永遠のテーマなのかもしれません。

この点、経営心理士講座では「知識を得る」ことが目的ではなく、「成果を出す」ことを目的とするため、学びを実践につなげる手法もお伝えしています。

そのうちの1つが、「やるべきことの設定」と「理由の明確化」です。

◎「やるべきこと」を設定する

まず、学んでも実践しない原因として挙げられるのが、業務時間中に「学んだ内容を実践しよう」という意識を持てていないことです。

現場で実践するためには「あの内容を実践しよう」と業務時間中に意識することが必要であり、そう思うことができなければそもそも実践には至りません。

そのため、学びを実践するには実践内容を具体的に決めておく必要があります。

そこで本書の内容を実践につなげるべく、次のことを行ってみてください。

①とりわけ重要だと感じたものをピックアップし、具体的な実践内容を設定する

②①をスマートフォンや手帳にメモして、毎日、出社前や休憩時間などに目を通す

これにより、業務時間中に実践しようという意識を喚起します。

◎やらなければならない「理由」を明確にする

次に、実践を後押しするために「理由の力」を使います。

理由は人を動かす力を持ちます。

「なぜそれをやらなければいけないのか」が明確になると、実践の動機が高まります。

逆に、やると決めたのに実践できていない場合は、「なぜやらなければいけないのか」の理由をつきつめて考えていないことが原因です。

そこで、先ほど具体的な実践内容を決めていただきましたが、その内容に関して「なぜこの内容を実践しなければいけないのか」の理由を明確にしてください。

◎実践して「体験」を得る

そして、実践内容とともにこの理由を日々思い出し、まずは小さなことからでもいいので、「やると決めたことをやった」という体験を積んでください。

その体験を積み重ねると「自分はやると決めたことはやる人間だ」という自己認識

が形成されていきます。この自己認識の形成が、継続的な実践をもたらします。

さらに実践した結果、部下の動きや反応が良くなった、部下に対する気持ちが変わったなどの成功体験が得られると、それをやることの必要性をより強く感じられるようになり、その後の継続が促されます。

その結果、「読んでも実践しない」の状況を克服できるようになっていきます。

この点、実は皆さんは間もなく、「やると決めたことをやった」体験として、かなりハードルの高い成功体験を得ることになります。

アメリカの大手出版社の研究によると、購入された書籍のうち95％は最後まで読まれていないとのことでした。つまり、本書を読もうと決めて購入し、実際に最後まで読む確率はかなり低いわけです。それを皆さんは間もなく達成するのです。

その経験を「自分はやると決めたことをやる人間だ」という自己認識の形成につなげていただければと思います。

2 部下と本気で向き合うことで上司は成長する

現場の離職率を下げるには、一度実践すればいいというわけではありません。例えば、一度部下の話を聞く機会を設けて、労をねぎらったとします。しかし、それ以降実践していない。それで離職率が下がるほど現場は甘くありません。実際に成果を出すには、必要なことを継続して実践することが必要です。

◎継続のモチベーションをどう保つか

ただ、やる気のない部下、ミスを繰り返す部下、生意気な部下、我がままな部下、こういった部下を相手にするとき、「なんでこの部下のためにそこまでやらなきゃいけないのか」とモチベーションを削がれることもあるでしょう。

そこである社長の話をしたいと思います。

この社長はマンションの一室から起業し、10年ほどで数億円の役員報酬を得るまでに会社を急成長させました。この短期間でここまで会社を成長させることができた理由について聞いたところ、社長はこう話されました。

「とにかく人の育成にこだわりました。でも、本当に大変な部下もいて、散々悩みました。その中でやっとたどり着いた答えがあるんです。それが『どんな部下であっても愛情を持って接する』ということです。

大変な部下に対して愛情を持って接するのは、とても難しいことです。でも、どこまで部下に愛情を持てるか、それは自分に対する挑戦です。そうやって毎日自分に挑戦し続けてきました。その結果が今の状況です」

◎部下との関わりは「自分への挑戦」ととらえる

この話からわかるのが、部下と向き合うことは自分への挑戦だということです。

部下と向き合う前に自分と向き合い、自分に対して挑戦し続ける。そして、必要な関わりを継続的に実践していくのです。

会社に行けば大変な部下がいるかもしれません。

その部下が辞めないように関わり、一人前に育て上げることの苦労は並々ならぬものがあると思います。

その苦労は「会社のため」と考えると「会社のためにこんな苦労をさせられている」と思うようにもなるでしょう。それが評価にも反映されず、ねぎらいの言葉もなければ「やってられるか」とさじを投げたくなるかもしれません。

ですので、その苦労はすべて「自分への挑戦」と考えてください。

その挑戦を続けることの先に、上司としての成長があります。

私自身、これまで大変な部下を持ち、その部下の育成の中で腹が立つことも、途方に暮れることもありました。それでも粘り強く関わってきました。

部下のために個人的に勉強会を開催して専門知識や人としての在り方などを指導してきました。また、私が担当したすべての仕事に関して、マニュアルを作成し、部下に渡してきました。

サラリーマン時代、これらのことは人事評価には反映されていないし、褒められることもありませんでした。それでもやり続けました。それは部下の成長のために必要だと思ったからです。

今から思えばそれは自分への挑戦だったと思います。

そして、その努力が自分を上司として大きく成長させてくれました。その成長が今の力となっています。

◎上司としての成長は、あなたの市場価値を高める

人口の減少により人手不足がさらに進む今後の時代においては、部下と本気で向き合い、部下を定着させ、育て上げることができる人がより一層必要とされ、大きな価値を持つようになります。

皆さんがそういった存在となれるよう、日々自分に挑戦し、上司としての成長を続けてください。

皆さんが上司として成長するほど、皆さんの部下が幸せになり、離職率が下がり、会社が成長します。

そして、それを実現させた経験が、皆さんに自信と可能性をもたらします。

ここまで部下の離職を防ぐため、離職の心理と対応についてお伝えしてきました。

本書でお伝えした内容以外にも離職のケースはあるかと思いますが、主なものについてはここまででお伝えできたのではないかと思います。

最後に、私がコンサルティングや経営心理士講座の中で、部下の育成の心構えとしてお伝えしている言葉をもって本書を締めくくりたいと思います。


部下と向き合うことは自分と向き合うこと。

部下を成長させることは自分を成長させること。

部下は上司に育てられ、上司は部下に育てられる。


皆さんの上司としての成長と、人が定着する組織の実現を心より祈念しております。

【第8章　まとめ】

- 「読む」と「実践する」との間には大きな壁があり、「読んでも実践しない」状況に陥る人が圧倒的に多い。
- 学びを実践につなげるためには、やるべきことを設定し、やらなければならない理由を明確にする。
- 「やると決めたことをやった」という体験を積み重ね、「自分はやると決めたことをやる人間だ」という自己認識が形成されると、継続的な実践ができるようになる。
- 大変な部下と粘り強く関わることは「自分への挑戦」と考える。
- 自分が上司として成長するほど、部下が幸せになり、離職率が下がり、会社が成長する。その状況を実現させた経験が、自分に自信と可能性をもたらす。

おわりに

「あんたに経営の苦労がわかるのか？　経営の苦労がわからないのに数字を語るな」

監査法人に勤め、公認会計士として財務諸表を監査し、数字の誤りがあれば指摘する。それが私の前職の仕事でした。

その仕事をしている中で、あるクライアントの社長からこの言葉を言われました。

当時、経営をしたことがない私に経営の苦労がわかるはずもなく、返す言葉がありませんでした。この言葉は、その後もずっと私の心に残ります。

数字の背景にある経営の実態に触れたい、数字をチェックする仕事ではなく、数字を良くする仕事がしたい。

その思いから独立して経営コンサルティングを始め、自分自身も経営者として複数の会社を経営するようになりました。それによって数字の見え方が変わりました。

数字の背景には人間の行動があり、行動の背景には人間の心の動きがあることを身をもって知ったわけです。

人はメリット、デメリットだけで動くわけではありません。

プライド、意地、優越感、劣等感、義理、恩、価値観など、さまざまな要素が心の動きに影響を与え、その心の動き方によって行動が決まります。

現場で成果を出すにはこういった心の動きを考慮したコミュニケーションや関わりが必要になります。その点を考慮せずに戦略だけ掲げても、成果につなげることは難しく、多くの場合、机上の空論に終わります。

そのため、コンサルティングでも経営心理士講座でも、私は現場の心の動きにフォーカスした指導を行っています。

この点、離職はさまざまな心の動きが影響する非常にデリケートな問題です。

そのため、より心の動きにフォーカスした対応が必要になります。そしてその対応を行ううえでは、心の性質の理解を深めることが重要です。

一方で、今、多くの組織が人手不足に悩み、部下を抱える上司は何とか現場を回そうと必死でマネジメントをしています。

その中で部下に離職され、部下の気持ちがわからないと悩み、途方に暮れる方をたくさん見てきました。

今、日本の至るところでこういったことが起きています。

その苦悩を解消するきっかけになればと思い、本書を執筆しました。

今後、人口が減少していく日本は企業も行政も、人手不足という大きな問題に立ち向かわなければなりません。

そのためには、ＩＴやロボットによる自動化・業務効率化、女性のキャリア支援、海外人材やシニア人材の活用といった施策が必要だと言われています。

ただ、それ以前に取り組むべきことが、離職者の出ない組織作りだと思います。